Loreno Lorenzon

La filosofia cristologica in Lutero, Kant, Hegel, Nietzsche

Loreno Lorenzon

La filosofia cristologica in Lutero, Kant, Hegel, Nietzsche

Per un'ermeneutica della questione bioetica

Edizioni Sant'Antonio

Imprint
Any brand names and product names mentioned in this book are subject to trademark, brand or patent protection and are trademarks or registered trademarks of their respective holders. The use of brand names, product names, common names, trade names, product descriptions etc. even without a particular marking in this work is in no way to be construed to mean that such names may be regarded as unrestricted in respect of trademark and brand protection legislation and could thus be used by anyone.

Cover image: www.ingimage.com

Publisher:
Edizioni Accademiche Italiane
is a trademark of
International Book Market Service Ltd., member of OmniScriptum Publishing Group
17 Meldrum Street, Beau Bassin 71504, Mauritius
Printed at: see last page
ISBN: 978-613-8-39361-0

Introduzione

L'idea di questo testo nasce dalla domanda su quali siano le origini culturali del relativismo-ateismo presenti nella società occidentale in relazione alla bioetica. Per rispondere a questa domanda ho cercato di descrivere i fondamenti filosofico-cristologici del relativismo-ateismo, fornendo alcuni orizzonti di riflessione su un'ermeneutica antropologica secondo il principio di responsabilità nel quale "il valore diventa bene, diventa cioè oggettivo e quindi vincolante solo se fondato nell'essere"[1].
Lo stile metodologico di questa ricerca presenta un procedere a spirale in quanto descrive e riprende temi e concetti per approfondirli con gradualità e con caratteristiche di essenzialità; indirizza ad ulteriori sviluppi e tematizzazioni, cui solo potrò accennare.
Questa lavoro si limita a mettere in luce lo sviluppo della fondazione filosofica sulla figura di Gesù Cristo perché i principi ermeneutici della questione bioetica oggi si rinvengono principalmente - non solamente - nelle filosofie cristologiche di Kant, Hegel, Nietzsche, che hanno la loro scaturigine nella visione luterana del Cristo. Perché parlo di *filosofia cristologica*[2] e non di teologia cristologica o cristologia in quanto tale,

[1] P. De Vitiis, *La morale tra postilluminismo e postmodernità,* in Aa.Vv., *Domande di etica,* Hermeneutica 2001, Morcelliana, Brescia 2001, p. 214.

[2] Per filosofia cristologica intendo semplicemente la visione di Cristo secondo i filosofi in quanto la figura di Cristo si presenta, a livello teoretico, come quel principio che aiuta a penetrare con più acume il loro pensiero filosofico; pertanto, secondo questa prospettiva, preferisco il termine filosofia cristologica rispetto a cristologia filosofica perché è più comprensibile nel senso che definisce meglio e propriamente il terreno di sviluppo in ambito filosofico dell'Idea Christi; mentre la cristologia filosofica che "presuppone, certamente, la fede" (M.Borghesi, *Prefazione*, in A.Sabetta, *La cristologia filosofica nell'orizzonte della modernità*, Studium, Roma 2015, p. 9) vede la filosofia, in ultima analisi, come cristologia. Infatti, X. Tillette, gesuita, padre della cristologia filosofica, in un'intervista per il suo novantesimo anno, dice che "la filosofia, in segreto, sia una cristologia" e il giornalista, introducendo il colloquio, chiosa scrivendo che "il più grande filosofo, con cui ha dialogato intimamente e su cui ha scritto lungo tutta la sua vita, educando schiere di allievi - all'Institut Catholique di Parigi e all'Università Gregoriana a Roma - a scoprirne le profondità di interrogazione, è per lui Gesù Cristo, il Cristo che è intrinsecamente filosofo " in F.Tomatis, *Xavier Tillette. Il Gesù dei filosofi* in www.avvenire.it del 23.7.2011.

come dovrebbe essere, avendo come riferimento la figura di Cristo? La dommatica cristiana e quindi la teologia cristiana parte dal presupposto che la Verità si sia incarnata in Cristo, in quanto creduto e pensato come vero Dio e vero uomo. Dice Gesù su se stesso: "Io sono la via e la verità e la vita" (Gv 14,6). Ma in questi autori c'è uno sviluppo, un'elaborazione di una nuova concezione sul Dio di Gesù Cristo, nel senso che il Dio rivelato dalla persona di Cristo viene ripensato e riproposto all'interno della propria visione filosofica. Parlo di filosofia cristologica, non solo per i filosofi Kant, Hegel e Nietzsche ma anche per Lutero, che intendeva la ragione come serva del demonio, e che presenta, paradossalmente, una sua visione filosofica sul *Cristo*, nella comprensione della *sua unità teandrica* e di riflesso nella spiegazione della sua relazione con l'uomo e il mondo.

Da questi principi teoretici cercherò di dimostrare che la situazione attuale della bioetica cosiddetta liberal-laicista[3] ovvero relativista-atea, trae origine essenzialmente da queste filosofie cristologiche, che si declinano poi nella realtà esistenziale in scelte bioetiche 'etsi Deus non daretur'[4]. Sostengo che il *relativismo sia una forma di ateismo intrinseco*, dove la bioetica si presenta figlia di questa cultura, generata da questa modalità di pensiero.

Ma in che senso il relativismo è intrinseco all'ateismo?

Dire che tutto è relativo, presupposto indiscutibile dell'ideologia relativistica, significa affermare una verità di tipo oggettivo cioè, data per sempre e in ogni luogo.

---

[3] G. Fornero, *Bioetica cattolica e bioetica laica,* Mondadori, Milano2005; M. Aramini, *La procreazione assistita*, Paoline, Milano 1999, pp. 92-113; C. Zuccaro, *Bioetica e valori nel postmoderno. In dialogo con la cultura liberale,* Queriniana, Brescia 2003, pp.11-135.

[4] "Bisogna imparare a ragionare *Etsi Deus non daretur*, come se Dio non ci fosse. Per Grozio è quasi un orrore dirlo! Occorre pertanto trasporre i modelli teologici in modelle laici, attuare una secolarizzazione del sacro." R. Bertalot, *Dalla teocrazia al laicismo. Propedeutica alla filosofia del diritto,* Stampacolor, Sassari 1993, pp. 86-87.

Questo principio si pone come paradossale, come assurdo per la ragione, in quanto il fondamento dell'ideologia relativista si auto-nega, si nega da sé, si contraddice in se stesso. Se affermo che tutto è relativo, se dico che esistono solo verità di tipo soggettivo affermo contemporaneamente una verità di tipo universale, oggettivo cioè del tutto[5], che vale per sempre e in ogni luogo, per ogni persona, passata, presente, futura.
Se dico 'tutto è relativo', nego il fondamento della verità oggettiva[6] cioè l'essere in quanto tale, nego Dio in quanto inizio d'essere[7].
La famosa frase di *Dostoevskij* 'se Dio non esiste, tutto è possibile' può dirsi come 'se Dio non esiste, tutto è relativo'. Infatti, se tutto è relativo, tutto è possibile; se tutto è possibile, tutto è relativo. Non vi sono limiti alla ricerca scientifica, per esempio, sull'embrione perché la verità sull'embrione è di tipo relativo-soggettivo.
Possiamo perciò parlare del relativismo come forma implicita di ateismo. Accennerò dunque alla filosofia cristologica di Lutero e alle visioni

---

[5] Il concetto del tutto, però, non equivale semplicemente ad una dimensione esperienziale di chiusura. "Porre il tutto come tema della ricerca speculativa non significa chiusura, ma, al contrario, porsi in condizione di ancora e sempre di nuovo potere apprendere. Chi assume la totalità come una trappola che cattura e risolve ogni alterità, è in realtà prigioniero di una rappresentazione del tutto come raccolta o insieme di parti, che si definisce per il suo non lasciar«nulla» fuori di sé. In realtà è proprio questo «nulla» che non consente alla totalità di consistere in se stessa in una sorta di solitudine olistica: nel suo limite, che è il suo finire, il tutto dell'esperienza è attinto come tale in quanto accenna all'alterità radicale di ciò che non potrà mai diventare oggetto di una possibile esperienza." F. Chiereghin, *Pluralismo e relativismo in filosofia. Appunti per una discussione* in *Verifiche* 3 (1987), p. 297.

[6] "Occorre, dunque, ritrovare la strada verso l'essere, instaurare il corretto rapporto veritativo «intellectus et rei», in cui la ragione riacquisti la sua giusta dimensione, fuori da ogni disperazione o falsa onnipotenza, e l'essere obiettivo torni a brillare in tutto il suo splendore di intelligibilità sino alla sua scaturigine prima, così come da Parmenide in poi era stato inteso nella riflessione occidentale. Rivelando l'essere, la ragione viene a sua volta illuminata dall'essere e guidata da esso in tutto l'arco delle sue attività, da quella fondamentale delle scelte morali per il bene a quelle connesse alla vita sociale e politica, da quella estetica a quella più intima e profonda rappresentata dall'atteggiamento religioso di fronte al principio trascendente da cui tutto proviene e che le si rivela come il fine ultimo di ogni sua tensione". A. Poppi, *La Verità*, La Scuola, Brescia 1984, p. 35.

[7] G. Cristaldi, *Dio o metafisica dell'essere,* in *Per la filosofia* (4) 1985, pp. 25-36; G. Samek Lodovici, *L'esistenza di Dio,* Editrice Il Timone, Novara 2004; J. Maritain, *Ateismo e ricerca di Dio,* Massimo, Milano 1982; Idem, *Sette lezioni sull'essere e sui primi principi della ragione speculativa,* Massimo, Milano 1981; E. Gilson, *Introduzione alla filosofia cristiana*, Massimo, Milano 1982; Idem, *Il realismo, metodo della filosofia,* Editrice Leonardo da Vinci, Roma 2008.

filosofico-cristologiche di Kant, Hegel e Nietzsche, come le radici più significative a livello concettuale per cogliere le modalità culturali della bioetica nella nostra società. Visivamente possono essere rappresentate come le radici di un grande albero, l'albero della *'bioetica atea-relativista'*, che chiamo *bioetica 'etsi Deus non daretur'*.

In queste pagine non intendo offrire, dal momento che mi è impossibile, un'interpretazione storiografica esaustiva sulla filosofia cristologica occidentale ma mettere in luce come, indipendentemente dalle intenzioni originarie di questi autori, dalle loro idee filosofiche sul Cristo, sul Dio-uomo, nato da Maria, si siano originate nel corso della storia culturale occidentale alcune modalità di pensiero ateistiche. Infatti, "il pensiero contemporaneo non si è rivoltato originariamente contro un Dio in generale, se così posso dire, ma contro il Dio di Gesù Cristo"[8], e questo perché ***un mondo senza Dio è un mondo contro Cristo***, che vuol dire, in altri termini, ***un mondo contro l'uomo, contro la vita dell'uomo***.

Con queste tesi di filosofia cristologica non voglio assolutamente sostenere che Lutero, Kant, Hegel e Nietzsche siano stati atei. E' vero d'altra parte che, per esempio, in Nietzsche, l'ateismo sia stato letto e vissuto semplicemente come un'esperienza istintiva, come un fatto naturale, biologico: "Ignoro completamente l'ateismo, sia come risultato, sia, e ancor più, come evento: esso non è in me che un istinto"[9].

Le ricadute culturali conseguenti alle tesi di filosofia cristologica che voglio esplicitare sulla questione bioetica le riassumo subito qui.

Se riflettiamo sulla forma di *ateismo metafisico*, *l'ateismo radicato nella fede*, che ha come referente Kant e la sua filosofia cristologica, possiamo rinvenire che, a causa della dicotomia tra i valori della fede e quelli

[8] G.M. Zanghì, *Una chiave di lettura dell'ateismo occidentale,* in Aa.Vv, *Il problema ateismo per una comprensione del fenomeno*, Città Nuova, Roma 1986, p. 222.

[9] F. Nietzsche, *Ecce homo* in *Opere*, vol. 6, tomo 3, Adelphi, Milano 1975, p. 31.

della ragione, il discernimento in bioetica si svilupperà a prescindere da Dio, in quanto Dio non può dirmi assolutamente nulla per le mie scelte bioetiche: Dio è solo un'a-priori della fede, distante dalla mia vita. Secondo Kant, "dalla dottrina della Trinità, presa alla lettera, non è assolutamente possibile trarre nulla per la pratica, anche se si credesse di comprenderla, tanto meno poi se ci si accorgesse che essa supera ogni nostro concetto" [10].

Se osserviamo invece la forma di ateismo, *l'ateismo fondato nella ragione*, che ha come rappresentante particolarmente indicativa, la filosofia cristologica di Hegel, nella quale la fede viene annullata dalla ragione, anche qui Dio non c'entra niente con le mie scelte bioetiche. Le mie decisioni bioetiche devono avvenire solo a livello razionale per cui il paradigma fondamentale per il mio itinerario di ricerca bioetica non sarà Dio ma 'il principio di beneficenza', secondo il quale l'autorità per le azioni che coinvolgono altri, in una società laica e pluralistica[11], deriva dal libero consenso di coloro che vi sono coinvolti nell'ambito di una razionalità dell'autonomia[12], che è la condizione necessaria di possibilità affinché il consenso possa darsi.

Per la forma di ateismo che si ispira al pensiero filosofico-cristologico nietzschiano, *l'ateismo negativo*, *fondato nel nulla dell'essere*, nella mie esperienze bioetiche sono chiamato ad oltrepassare qualsivoglia riferimento (Dio non si dà perché mi limiterebbe come creatore di valori) perché, solo in questa solitudine creativa ed esistenziale, potrò operare un discernimento veramente bioetico. Sarò io perciò, il creatore

[10] E. Kant, *Il conflitto delle facoltà*, A. Poggi (a cura di), Ed. Magistero, Genova 1953, p. 47.

[11] Leonardo Verga, *Valori morali e stato laico*, in Aa.Vv., *Il Valore*, Editrice Libreria Gregoriana, Padova 1984, pp. 27-41.

[12] F. Turoldo, *Bioetica e reciprocità*, Città Nuova, Roma 2003, pp. 44-56.

dei riferimenti assiologici bioetici, nella massima ricerca espressiva della mia libertà e della mia volontà di dominio sulla natura e sulla vita.

Queste sono in sintesi le idee che voglio sostenere sulla problematica bioetica, che trova il suo fondamento originario, la sua scaturigine primigenia nell'interpretazione filosofica sulla persona del Cristo e che provoca, nel corso della storia del pensiero occidentale, lo sviluppo di alcuni specifici ateismi filosofici.

Questi ateismi filosofici, che ritroviamo declinati ai nostri giorni in una visione della bioetica 'etsi Deus non daretur', nascono dalle differenti filosofie cristologiche, che si hanno nel ripensare la figura di Cristo.

Un *Cristo* che, nel travaglio culturale *dal medioevo all'età moderna*, perde sempre più la sua centralità come focus della comprensione unitaria della realtà. Cristo, infatti, viene presentato come separato in se stesso, nel senso che in questi secoli avviene una *graduale divisione dell'unità della persona di Cristo, quale vero Dio e vero uomo.*

Nel pensiero cristiano medievale, invece, dalla priorità dell'unità teandrica della persona di Cristo, si generavano le coordinate essenziali per raccogliere in una meravigliosa sinfonia l'umano e il divino, la natura e la soprannatura, la ragione e la fede[13].

Questa unione era chiamata a dissolversi. Varie ed eterogenee ne sono le cause ed è impossibile fissare storicamente il momento esatto della transizione dal Medioevo all'età moderna. Però si può affermare, senza ombra di dubbio, che *la centralità di Cristo viene a poco a poco oscurata*, nel senso che la persona di Cristo non viene scordata in quanto tale, ma ne viene emarginato l'essere il paradigma basilare, non solo dei

---

[13] G.Mura, *Cristo e i filosofi per comprendere la crisi dell'Occidente contemporaneo* in Aa.Vv., *Gesù Cristo*, Città Nuova, Roma 1981, pp. 323-369.

sentimenti della fede religiosa, ma dell'intelligenza, del sapere, della scienza.

Non si è più capaci di cogliere i segni del Verbo (le vestigia Verbi) presenti in tutta la creazione, cosa che succedeva invece quando la natura veniva vista attraverso gli occhi puri e trasparenti di un Francesco[14] e sembra, appunto, che le verità presenti nella natura, derivanti dalle nuove scoperte della scienza, si pongano in contrasto con le verità della fede. Allora la persona di *Cristo* viene colta soprattutto come il *redentore dell'anima*, grazie alla cosiddetta spiritualità pietista e, non più come il sole che illumina la realtà creata e increata, come il Logos che unifica in sé tutte le cose visibili e invisibili[15].

Se da un lato è andata maturando sempre più una spiritualità di tipo pietista, dall'altro, è nata e si è sviluppata, di contro, una cultura di tipo profano. Per questa cultura profana, Cristo non è più il riferimento centrale delle nuove ricerche filosofiche e scientifiche; ormai la sua figura appartiene solo alla dimensione spirituale e intima dell'anima. Se Cristo non è più inteso come il centro d'unità delle cose, allora, ragione e fede, natura e soprannatura, mondo terreno e mondo celeste, vita religiosa e vita laica non possono che essere compresi come separati e divisi in se stessi[16]. Anche se in questi secoli ci sono stati alcuni pensatori che hanno cercato di contrastare con un certo vigore questa esclusione di Cristo dalla conoscenza e dalla cultura dell'uomo come

[14] E' quello che Huizinga definisce crisi della spiritualità che invece era presente e viva nel medioevo in relazione al Cristo. Il medioevo e il movimento francescano in particolare, infatti, erano contrassegnati da una spiritualità altamente cristocentrica. Cristo era la sorgente dei sentimenti della fede religiosa; era la scaturigine dell'intelligenza, della ragione filosofica e teologica ed era anche l'ideale fondamentale del sapere scientifico e sapienziale. J. Huizinga, *Autunno del Medioevo,* Rizzoli, Milano 1998.

[15] J. Lortz, *Storia della Chiesa in prospettiva di storia delle idee,* Paoline, Roma 1980, vol. 2, pp.95-340; G. Martina, *Storia della Chiesa,* Ut Unum Sint, Roma 1980, pp. 221-262; L. Hertling-A. Bulla, *Storia della Chiesa,* Città Nuova, 2001[6], pp. 287-364.

[16] G. Panteghini, *L'uomo alla luce di Cristo. Lineamenti di antropologia teologica,* Edizioni Messaggero, Padova 1991, pp. 87-99.

N.Cusano[17] (1401-1464) o T. Campanella[18] (1568-1639), è stato lo spirito di divisione e di separazione a vincere. Perciò d'ora in avanti divino e umano, Logos e ragione, natura e soprannatura, scienza e fede, attività umana e religiosa, vita sociale e Vangelo, vengono letti come se fossero in guerra e in lotta tra loro senza alcuna possibilità di riconciliazione. Possiamo dire che il principio ermeneutico del Cristo diviso nella sua natura divino-umana ha favorito in questi secoli l'accentuazione della sola dimensione spirituale, che certo è vera ma non è l'unica, di redentore delle anime e ha provocato, altresì, l'oblio di quella creaturale, scordando che Cristo è il Verbo cioè la Luce e la Verità di Dio per illuminare ed decifrare tutte le realtà, divine e umane.

[17] Secondo Cusano si tratta di cogliere tutte le cose, come dice nel 'De filiazione Dei', nella similitudine di Dio, che è la filiazione del Verbo. Molto interessante lo studio sul rapporto tra Trinità e creazione da parte di A. Ganoczy sul Cusano "per il quale l'esperienza mistica della divinità riguarda l'esistenza quotidiana, parimenti convinto della possibilità della conoscenza razionale di Dio. L''assoluto' non è per lui solo intuibile e spiritualmente contemplabile, bensì anche pensabile'. A. Ganoczy, *Il creatore trinitario. Teologia della Trinità e sinergia,* Queriniana, Brescia 2003, p. 124.

[18] Nel 'Monarchia Missae', Cristo è il Verbo incarnato e giacché la sua incarnazione dà una signoria diretta sul mondo, egli doveva essere considerato re non soltanto della realtà spirituale ma anche di quella temporale, della storia dell'uomo e della sua stessa vita sociale.

1. La filosofia cristologica in Lutero. Il Verbo di Dio è il "Totalmente Altro" dal mondo e dall'uomo.

L'espressione paradigmatica di questa dicotomia cristologica che accadeva in ambito filosofico e teologico, è costituito dall'evento della Riforma. Martin Lutero[19] ne fu l'iniziatore e l'artefice principale nella prima meta del secolo XVI, con il risultato di aver generato nel seno della Chiesa cattolica una drammatica e dolorosa separazione.

In realtà, non si è ancora pensato a sufficienza quanto questa lacerazione abbia provocato e condizionato, sia nel positivo come nel negativo, le decisioni a livello sociale, storico e culturale dei secoli posteriori.

La sorgente e il fulcro del pensiero di Lutero si situa nella valorizzazione della sola Scrittura, quale unico criterio di normatività per l'insegnamento e per la vita di tutta la Chiesa. Nello stesso tempo tutto l'annuncio biblico si compendia nella proclamazione di Gesù Cristo, Signore e Salvatore. Possiamo dire quindi che il principio cardine luterano della *'sola Scrittura'*, equivale a quello del predicare il *'solo Cristo'*. Lutero affermava infatti: 'nulla deve essere predicato che non sia Cristo'[20] in modo che l'anima sia unita a Lui.

La fondazione della filosofia cristologica in Lutero si evince se accenniamo brevemente ai suoi tre principi basilari: a. la dottrina della giustificazione per grazia mediante la fede; b. la teologia della croce; c. la corrispondenza fra Cristo e la Parola di Dio.

[19] Martin Lutero (1483-1546): è stato il teorico della Riforma protestante, il sostenitore della teoria della salvezza mediante la sola fede (iuxtus vivit ex fide). G. Reale-D. Antiseri, *Il pensiero occidentale dalle origini ad oggi*, vol.2, Editrice La Scuola, Brescia 1983[4], p.74.

[20] Cit. in G. Scuderi, *La cristologia nel Protestantesimo* in *Credere Oggi* 11(1982) p. 57.

1.1 I tre principi

a) Lutero si chiede quale sia la *vera giustizia* per l'uomo peccatore. Scopre che la vera giustizia è quella suscitata, provocata dalla misericordia di Dio che l'uomo peccatore accoglie solamente e senza alcun merito attraverso la fede[21].

Affinché tale dinamica della giustizia di Dio diventi autentica, l'uomo peccatore non deve chiederla in forza della bontà morale delle sue azioni ma deve abbandonarsi completamente e con piena fiducia in Lui, credendo solamente nell'infinito amore redentivo di Dio che si è rivelato totalmente e unicamente nella croce di Cristo[22].

b) La *croce di Cristo* è quindi per Lutero il luogo per eccellenza in cui l'uomo peccatore può veramente fare l'esperienza di cosa sia l'amore di Dio e di chi sia Dio. Infatti l'essere di Dio si rivela pienamente all'uomo peccatore solo mediante il Cristo crocifisso. Però nel momento in cui Dio rivela se stesso totalmente in Cristo, contemporaneamente anche si nasconde. E cosa significa che in Cristo, l'essere di Dio si nasconde e insieme si rivela? Secondo Lutero la manifestazione dell'Amore di Dio in Cristo si è espressa in modo impensabile e irrazionale alla mente umana. Come per l'incarnazione, il Dio creatore di ogni cosa in Cristo occulta la sua signoria e potenza, così avviene nell'abbassamento e nell'annullamento del suo essere nella morte in croce di Cristo.

[21] Si tratta della cosiddetta 'esperienza della torre' (Turmerlebnis), in cui Lutero comprende cosa significhi il concetto di giustizia di Dio, che è il centro, la quintessenza teologica della riforma luterana. La giustizia di Dio, dice Lutero, non bisogna intenderla in modo attivo ma passivo nel senso che Dio, nella sua misericordia, ci giustifica per mezzo della fede perché 'il giusto vive di fede': "Allora cominciai a comprendere quale giustizia di Dio fosse quella per cui il giusto vive, grazie al dono di Dio, e precisamente per la fede: che la giustizia di Dio, che si rivela nell'Evangelo, è da intendere in senso passivo; che Dio nella sua misericordia ci giustifica per mezzo della fede, come sta scritto: 'Il giusto vive di fede'. Io mi sentii allora come rinato e come se fossi entrato per le porte spalancate del paradiso." Cit. in J.E. Vercruysse, *Causa Reformationis. La storia della Chiesa nei secoli XV-XVI. Lineamenti-Sussidi,* Pontificia Università Gregoriana, Roma 1990^2, p.79.

[22] E. Iserloh, *Riforma e Contro-Riforma*, in H. Jedin (a cura), *Storia della Chiesa*, vol. VI, Milano 1975, p.37.

Allora, Gesù crocifisso è l'unica e vera possibilità per conoscere l'essere di Dio ed entrare in relazione con Lui però, secondo una dinamica equivoca, contraddittoria cioè 'sub specie contraria'.
Dio agisce così nei confronti dell'uomo perché solo questo modo enigmatico e misterioso di rivelarsi di Dio esprime l'autentico amore di Dio per l'uomo peccatore che così può avvicinarsi a Lui senza essere annientato dalla sua potenza e dalla sua gloria[23].
c) Per la corrispondenza tra *la Parola di Dio e il Cristo* stesso mi rifaccio ad alcuni brani di Lutero nel suo scritto 'La libertà del cristiano'. In questo testo Lutero dice che "l'anima non ha nessun'altra cosa, né in cielo né in terra, per cui viva e sia pia, libera e cristiana, se non il santo Vangelo, la Parola di Dio predicata da Cristo [...] L'anima può fare a meno di ogni cosa, fuorché della Parola di Dio e senza la Parola nessuna cosa le giova [...] Ma tu domandi: qual è dunque la Parola che dà una così grande grazia, e come devo io usarla? Risposta: essa non è altro che la predicazione di Cristo come l'Evangelo la contiene"[24]. Dio infatti "ti presenta il suo caro figliuolo Gesù Cristo, e ti fa dire, per la sua vivente, consolante Parola, che tu devi abbandonarti a Lui con salda fede e confidare in Lui vigorosamente"[25]. Il criterio biblico della predicazione del 'sola scrittura' quindi è equivalente nella teologia di Lutero a quello cristologico dell'annuncio del 'solo Cristo' perché l'annuncio della Parola di Dio di salvezza non corrisponde che all'annuncio del Cristo salvatore, centro e fonte della fede e della vita del cristiano. Infatti è dal profondo legame con Cristo salvatore che la fede del credente sublima e orienta la propria vita pratica e morale

[23] J. E. Vercruysse, *Fede e Carità in Lutero*, in *Parola, Spirito, Vita* (1988) 17, pp. 293-305.
[24] M. Lutero, *Scritti Politici*, trad. it. G. Panzeri Saija, introduzione e bibliografia di Luigi Firpo in *Classici delle Religioni*, Utet, Torino 1978., pp. 372-373.
[25] *Scritti Politici*, p. 378 s.

perché è la fede totalmente gratuita che informa le opere di carità[26]. Oltre a questi tre principi teologici per esplicitare la filosofia cristologica di Lutero dobbiamo evidenziare quello prioritario e paradigmatico ovvero il principio del Figlio di Dio come il 'Totalmente Altro' dal mondo e dall'uomo.

1.2 Il Figlio di Dio come il 'Totalmente Altro' dal mondo e dall'uomo

Dove possiamo rinvenire la radice di questa visione cristologica del Verbo di Dio in Lutero. Analizzando i suoi scritti, possiamo giungere alla conclusione che Lutero presenta *il Figlio di Dio come il 'Totalmente Altro' dal mondo e dall'uomo* perché "Lutero esprime in un modo radicale e non senza paradossi, l'opposizione, anzi la distanza incommensurabile fra Dio e l'uomo peccatore: intende affermare *l'assoluta sovranità di Dio,* che nella sua natura più intima è misericordioso e ci giustifica gratuitamente in Cristo. *Inculca la grandezza del primo comandamento*[27]. Essa è legata ad un'affermazione altrettanto appassionata *della bassezza dell'uomo* davanti a Dio, che ispira una diffidenza verso l'uomo che, lasciato a se stesso, diventa orgogliosamente presuntuoso"[28]. Presunzione umana che si manifesta come volontà di conoscere il Figlio di Dio incarnato attraverso la propria ragione. Qual è allora il peccato più grave per Lutero? E' quello di usare la ragione umana per conoscere qualcosa del Verbo di Dio, del Figlio di Dio che si è fatto uomo in Cristo. Nel libro 'De Servo Arbitrio', Lutero

[26] J.E. Vercrujsse, *Fede e Carità in Lutero*, p. 303.
[27] Corsivo mio.
[28] J.E. Vercruysse, *Causa Reformationis. La storia della Chiesa nei secoli XV-XVI. Lineamenti-Sussidi*, p.100.

dice che "occorre trarre via la temerarietà umana dello scrutare la maestà divina, della ragione che con continua perversità indaga, brancolando, affinché essa non tenti di scrutare quei segreti che non si possono attingere, in quanto la maestà che li possiede, abita in una luce inaccessibile"[29]. La ricerca razionale sul Figlio di Dio è perciò impossibile perché il Figlio di Dio che si è incarnato in Cristo è incommensurabilmente differente dall'uomo e dalle cose del mondo. Per poter dire qualcosa sul Dio-uomo che la fede ci rivela in Cristo, bisogna pertanto eliminare completamente la ragione. Sempre nel 'De Servo arbitrio' afferma che "il più grave pericolo è affrontare le cose umane e divine con la temerarietà della ragione umana"[30].

Cos'è perciò la ragione umana per Lutero? E' semplicemente l'ancella, la serva del demonio, e tutto quello che concerne l'uomo razionale rientra in questa dinamica infernale, a parte, ovviamente, la fede, che con la ragione umana non c'entra niente ma che, invece, la mette in crisi e in contraddizione. *Fede e ragione* sono quindi *nemiche*, sono tra loro in opposizione. La ragione, allora, non è il riverbero della luce del Figlio di Dio che si diffonde nell'uomo ma, è unicamente uno strumento demoniaco con il quale l'uomo vuole sapere qualcosa del Verbo di Dio incarnatosi in Cristo.

Se questa è la visione sulla ragione umana, Lutero rifiuta e condanna irrevocabilmente la filosofia e la teologia; anzi trova che, per per poter affermare la grandezza e la gloria del Verbo di Dio, la ragione umana deve scomparire, deve dissolversi nella fede. E' quindi solo la fede nel Cristo, quale Figlio di Dio e uomo, che deve pervadere l'anima del

[29] Cit. in G. Mura, *Cristo e i filosofi per comprendere la crisi dell'Occidente contemporaneo*, p. 347.
[30] *Ivi*.

peccatore. L'assolutizzare unicamente la fede porterà la ragione invece a doversi annullare inevitabilmente nella fede stessa[31].

1.3 Conclusioni e prospettive

Possiamo già da ora anticipare, confrontando la filosofia cristologica di Lutero e quella di Hegel, quanto sia singolare constatare che in Hegel - forse la più alta espressione del pensiero filosofico protestante - la *dinamica fede-ragione* si inverta totalmente cioè, è la dimensione della fede che si deve eclissare, annichilire in quella della ragione. Queste due filosofie cristologiche intorno al rapporto fede-ragione sono tra loro in una totale antitesi e opposizione.

Possiamo chiederci se vi sia un legame che le unisca nella loro contrapposizione?

Senza ombra di dubbio, in ambedue le filosofie cristologiche, a fondamento della relazione tra Dio e l'uomo, possiamo rinvenire un processo di *annientamento-assolutizzazione*, di nullificazione-esaltazione. Se in Lutero è l'uomo peccatore che deve annullarsi nel Verbo di Dio rivelatosi in Cristo, assolutizzando completamente la fede; in Hegel, invece, è il Logos di Dio, presentatosi in Cristo, che deve annichilirsi nell'uomo cioè è la fede che deve dissolversi nella ragione, esaltandola totalmente. In altre parole è il Verbo di Dio che deve incarnarsi nella ragione umana, nella filosofia.

Ma perché è avvenuto questo ribaltamento, questo capovolgimento nel processo di annullamento-assolutizzazione reciproca tra la fede e la ragione? E qui arriviamo alla causa prima di questo cambiamento culturale che si colloca a livello filosofico-cristologico.

[31] E' il principio ermeneutico centrale per decifrare la teologia del protestantesimo, il principio dell'aut-aut (o-o), che è quello di assolutizzare uno tra i due poli di una dinamica relazionale così da annullare l'altro.

Nell'evoluzione del pensiero che va da Lutero ad Hegel, è progressivamente maturata una concezione che vede come dato filosofico basilare la disunità, in senso cristologico, del Verbo di Dio incarnatosi, creatore delle cose, visibili e invisibili[32].

E' proprio cioè l'*interpretazione divisiva della persona di Cristo* la sorgente primigenia del processo di pensiero in queste filosofie cristologiche, le quali hanno prodotto, nel corso dei secoli, gli ateismi a cui accennavo nell'introduzione.

Oltre a facilitare la comprensione di queste filosofie cristologiche, l'assenza di una nitida spiegazione dell'unità di Cristo, quale Logos di Dio fattosi uomo, ha innescato l'originarsi delle successive questioni filosofiche e sociali come quella relativa alla bioetica. Certamente vi sono state anche altre condizioni e implicazioni di significato oltre a quella cristologica, però il confronto con il Cristo diviso ha offerto l'opportunità di cogliere le questioni filosofiche in un'ottica nuova.

Se dal principio del Cristo diviso nella sua natura umano-divina deriva la scissione tra filosofia e teologia (tra umano e divino) nascono necessariamente a livello filosofico alcune domande.

Quale metodologia sarà possibile adottare per risalire all'unità della conoscenza? (Cartesio e il suo Discorso sul metodo). Per la comprensione naturale delle cose non sarebbe meglio esaltare l'autosufficienza assoluta della ragione umana? (Locke e il suo Saggio sull'intelletto umano).

Se riflettiamo sul rapporto tra l'essere di Dio e quello del mondo, non sarebbe più opportuno vederli come identici, come un'unica realtà?

---

[32] Infatti Cristo "è l'immagine del Dio invisibile, generato prima di ogni creatura; poiché per mezzo di lui sono state create tutte le cose, quelle nei cieli e quelle sulla terra, quelle visibili e quelle invisibili: Troni, Dominazioni, Principati e Potestà. Tutte le cose sono state create per mezzo di lui e in vista di lui" (Col. 1, 15-16).

(Spinoza e la sua Ethica). Come pensare le idee delle cose, che sono necessarie ed eterne, presenti nel Logos di Dio e la loro relazione con la libertà delle cose create? (Leibnitz e la sua Monadologia).

A livello di riflessione filosofica perciò, mancando il riferimento al principio cristologico in senso unitario-teandrico, si viene a sviluppare l'idea che la ragione umana non riesca più a pensare la relazione tra Dio e l'uomo. Esiste una cesura tra il divino e l'umano, tra sovrannatura e natura perché le cose divine sono troppo alte per la ragione umana, per la filosofia. Pertanto la filosofia deve pensare solo alle cose umane, come la natura o la scienza, lasciando alla pura fede o alla pietà della vita religiosa la possibilità di sapere qualcosa del Logos di Dio incarnatosi in Cristo.

2. La filosofia cristologica in Kant. Cristo è Dio per la fede del cuore, non per l'intelligenza

Questo insieme di problematiche che, in questi secoli avevano prodotto forti inquietudini e contrasti, hanno trovato la loro sintesi e una nuova loro rifondazione-rielaborazione nel pensiero nel filosofo Immanuel Kant (1724-1804). Egli, infatti, non solo compendia le discussioni sulla questione fede-ragione o sulla controversia tra ragione divina e ragione umana ma con la sua speculazione, dischiude a nuovi orizzonti e problemi filosofici e teologici che noi ancora adesso viviamo[33].

2.1 La questione Dio

Per Kant Dio conosce il tutto di ogni realtà creata e non creata. Solo Dio possiede la conoscenza delle relazioni di ogni cosa con le altre cose e ovviamente anche della relazione di Dio stesso con se stesso. L'uomo però può unicamente immaginare, meglio "*ideare*" l'intelligenza, l'intelletto di Dio ma non lo può assolutamente conoscere e comprendere. In realtà per l'uomo Dio può essere solo *un'idea*[34]

[33] "Nella Critica della ragion pura si troverebbero i prodromi di una posizione poi maturata nella filosofia e nella teologia del novecento, con la quale si attribuisce al soggetto conoscente la responsabilità delle strutture di fondo del mondo" in G.C. Di Gaetano, *Alvin Platinga. La razionalità della credenza teistica,* Morcelliana, Brescia 2006, p.123-124.

[34] Qui devo citare ampiamente perché nella Critica della Ragion Pura, al punto '*Dello Scopo Finale della Dialettica Naturale della Ragione Umana*', Kant dice che "vi è una grande differenza, se alla mia ragione viene dato qualcosa come un oggetto in modo assoluto, o soltanto come un oggetto nell'idea. Nel primo caso i miei concetti tendono a determinare l'oggetto; nel secondo caso vi è realmente soltanto uno schema, al quale non viene fornito direttamente alcun oggetto[...]. Così io dico che il concetto di un'intelligenza somma è una semplice idea, cioè che la sua realtà oggettiva non deve consistere nel fatto che esso si riferisca direttamente a un oggetto (giacché in tal senso non potremmo giustificare la sua validità oggettiva): affermo, dunque, che esso è soltanto uno schema del concetto di una cosa in generale – schema ordinato secondo le condizioni della massima unità razionale -, che serve soltanto per ottenere la massima unità sistematica dell'uso empirico della nostra ragione, derivando l'oggetto dell'esperienza in certo qual modo dall'oggetto immaginato di quest'idea come suo fondamento o causa. In tal caso si dice, ad esempio, che le cose del

elaborata dalla sua ragione e che nell'ambito della conoscenza non trova corrispondenza e verifica. "E' evidente che l'idea di tale essere, come tutte le idee speculative, non vuol dire altro se non che la ragione impone di considerare ogni connessione del mondo secondo i principi di un'unità sistematica, quindi come se tutte le connessioni nel loro insieme fossero sorte da un unico essere comprensivo, in quanto causa suprema e onnisufficiente[35] [...] ma è anche chiaro che alla base di questa rappresentazione dell'idea di un sommo creatore, assunta come fondamento, io non pongo l'esistenza o la conoscenza di un tale essere, ma soltanto l'idea di esso, e che quindi in senso proprio io non derivo

---

mondo devono essere considerate come se ricevessero la loro esistenza da una somma intelligenza [...] che non dobbiamo derivare da un'intelligenza somma l'ordine del mondo e l'unità sistematica di esso, bensì dobbiamo trarre dall'idea di una causa onnisciente la regola secondo cui nella connessione delle cause e degli effetti nel mondo la ragione venga usata al meglio per la propria soddisfazione[...] Dunque, *il concetto trascendentale* – e l'unico determinato – *di Dio che ci offre la ragione semplicemente speculativa è, nel suo senso più preciso, distico: la ragione, cioè, non fornisce mai la validità oggettiva di un tale concetto, ma soltanto l'idea di un qualcosa su cui tutta la realtà empirica fonda la sua unità somma e necessaria.* Pertanto accade che, se ammetto un essere divino, non ho il minimo concetto né della possibilità interna della sua esistenza, e tuttavia posso soddisfare a tutte le altre questioni che riguardano il contingente, e appagare la ragione nel modo più completo rispetto alla massima unità da ricercare nel suo uso empirico[...]. Infatti, se alla base del massimo uso empirico possibile della mia ragione, vi è un'idea [...] la quale in se stessa non può mai essere esposta in modo adeguato nell'esperienza, sebbene sia necessaria in modo imprescindibile per avvicinare l'unità empirica al suo massimo grado possibile, allora non sarò soltanto autorizzato, ma addirittura costretto a realizzare quest'idea, cioè ad assegnarle un oggetto reale, unicamente però come un qualcosa in generale che non conosco affatto in se stesso[...] Io penso allora questo essere sommo mediante semplici concetti, che non si possono applicare in senso proprio se non nel mondo sensibile, ma dal momento che non possiedo quel presupposto trascendentale se non per uso relativo – cioè perché esso fornisca il sostrato della massima unità possibile dell'esperienza -, potrò allora pensare un essere distinto dal mondo, unicamente attraverso proprietà che appartengono al mondo sensibile. Infatti, io non pretendo affatto di conoscere – né sono autorizzato a farlo – questo oggetto della mia idea in quello che può essere in sé, poiché per questo non possiedo alcun concetto, e gli stessi concetti di realtà, di sostanza, di causalità e addirittura di *necessità dell'esistenza*, perdono ogni significato e si riducono a titoli vuoti per indicare concetti privi di contenuto, qualora con essi mi arrischiassi ad uscire dall'ambito sensibile. *Quello che io penso è soltanto la relazione di un essere a me del tutto sconosciuto in se stesso con la massima unità sistematica dell'universo, unicamente per farne lo schema del principio regolativo del massimo uso empirico possibile della mia ragione [...] Quindi, la supposizione di un essere sommo come causa suprema, da parte della ragione, è pensata solo in modo relativo, al fine cioè di un'unità sistematica del mondo sensibile, ed è semplicemente un qualcosa nell'idea, rispetto al quale noi abbiamo alcun concetto di cosa esso sia in sé: Questo spiega anche per quale motivo noi abbiamo bisogno, in riferimento a ciò che è dato ai nostri sensi come esistente, dell'idea di un essere originario in sé necessario, pur non potendo avere il benché minimo concetto di tale essere e della sua assoluta necessità*". I. Kant, *Critica della Ragion Pura*, Bompiani, Milano 2004, pp. 961-973. Corsivi miei.

[35] *Ivi*, p. 981.

niente da questo essere, ma soltanto dalla sua idea, vale a dire dalla natura delle cose del mondo in conformità a tale idea"[36]. Infatti, "l'idea di Dio rappresenta l'ideale della ragion pura. L'ideale è «l'idea[...]in individuo, cioè come una cosa singolare che è determinabile, anzi determinata soltanto dall'idea» [...] che nasce, come al solito, dall'aver trasferito al mondo della realtà in sé condizioni che valgono solo per il mondo dei fenomeni [...] quindi «nulla è per noi oggetto se non presuppone il complesso di tutta la realtà empirica come condizione della sua possibilità». Ora, per una «naturale illusione» noi trasferiamo queste condizioni del fenomeno delle cose in sé e così ci facciamo l'idea di Dio."[37] Concependo il sapere speculativo come un'azione con cui il pensiero ordina il dato empirico attraverso forme conoscitive a priori, Kant esclude il mondo divino giacché è trascendente il dato d'esperienza empirica dalle condizioni di possibilità della ragione teoretica.

Perciò "nel passo successivo il Dio reale, oggetto della pura ragione si dissolve: è la ragione stessa che pone Dio come suo postulato"[38] in quanto "la ragione si vede costretta ad ammettere un tale creatore, insieme alla vita in un mondo che dobbiamo considerare come futuro, pena il dover considerare le leggi morali come delle vuote fantasticherie,

---

[36] *Ivi,* p.999.

[37] I. Kant, *Critica della Ragion Pura*, cit. in S.Vanni Rovighi, *Introduzione allo studio di Kant,* Editrice La Scuola, Brescia 1981², pp.198-199.

[38] G.M. Zanghì, *Una chiave di lettura dell'ateismo occidentale,* in Aa.Vv., *Il problema ateismo. Per una comprensione del fenomeno,* Città Nuova, Roma 1986, p. 209. "Teoricamente, la ragione non giunge né a Dio né alla religione. Lungi dal pensare che la religione possa fondare la morale, si deve ritenere che la morale, una volta autonomamente fondatasi sull'imperativo categorico della ragion pratica, fondi la religione, quasi suo naturale completamento. La ragion pratica postula infatti, oltre la libertà e l'immortalità dell'anima, anche la fede pratico razionale nell'esistenza di Dio, quale garante della possibilità di raggiungere quel sommo bene, che è oggetto dell'imperativo etico. La religione viene così costituita come la «speranza» della vita morale. Essa non fa conoscere nulla nel campo speculativo, ma garantisce una completezza di senso alla nostra vita etica, che rischierebbe di cadere nell'assurdo e di diventare un'impresa disperata senza la religione". G. Ferretti, *Filosofia della religione*, in *Dizionario Teologico Interdisciplinare, I,* Marietti, Casale Monferrato (AL) 1977, p.155.

poiché senza quel presupposto le conseguenze necessarie che la ragione connette con tali leggi verrebbero inevitabilmente a cadere"[39].

2.2 La questione morale

Con ciò Kant non vuol negare Dio[40]. Desidera solo liberarlo dalle contrastanti affermazioni della ragione teoretica per fondarlo su qualcosa di più sicuro e saldo, che è presente indubitabilmente in ogni uomo cioè l'imperativo morale[41] e il sentimento[42].

Ogni uomo sente l'incoercibile anelito di compiere il proprio dovere e sente l'esigenza che colui che lo attua, pur non eseguendo il proprio dovere in vista di un premio, sia però gratificato cioè sia felice, nel senso "di promuovere la propria felicità, non per inclinazione, ma per dovere; ed ecco che il suo comportamento raggiunge un genuino valore morale"[43]. Si richiede perciò, non in ordine alla ragione teoretica ma su una fede giustificata dalle esigenze del senso morale, *l'esistenza di un*

---

[39] I. Kant, *Critica della Ragion Pura*, p.1141.

[40] Anzi "l'idea di una tale intelligenza, in cui la volontà morale più perfetta, congiunta con la somma beatitudine, sia la causa di ogni felicità nel mondo nella misura in cui quest'ultima stia in una precisa relazione con la moralità (in quanto rendersi degni di essere felici) la chiamo l'ideale del sommo bene". *Ivi.*

[41] "Io ammetto che si diano realmente delle leggi morali pure, che determinino del tutto a priori (senza riferirsi a moventi empirici, cioè alla felicità) il fare o il non fare, ossia l'uso della libertà di un essere razionale in generale, e che queste leggi comandino in modo assoluto (non semplicemente ipotetico, cioè presupponendo altri fini empirici) e dunque siano necessarie sotto ogni rispetto [...] la ragion pura contiene dunque – certo non nell'uso speculativo, ma in un determinato uso pratico, cioè in quello morale – i principi della possibilità dell'esperienza, ossia di azioni che si potrebbero incontrare nella storia dell'uomo in conformità ai precetti morale". I. Kant, *Critica della Ragion Pura*, p.1137.

[42] In quanto "la legge morale, come è fondamento di determinazione formale dell'azione mediante la ragion pura pratica, e come, inoltre, è fondamento di determinazione materiale, ma solo oggettivo, degli oggetti dell'azione designati con i nomi di bene e di male, così pure è fondamento di determinazioni soggettive, cioè movente, di tale azione, esercitando un'influenza sulla sensibilità del soggetto e producendo un sentimento favorevole all'influsso della legge sulla volontà. Qui, nel soggetto, non c'è alcun sentimento precedente, indirizzato alla moralità: perché questo è impossibile, essendo ogni sentimento sensibile, mentre il movente dell'intenzione morale dev'essere libero da ogni condizione sensibile. Anzi, il sentimento sensibile, che sta a fondamento di tutte le nostre inclinazioni, è bensì la condizione di quella sensazione che chiamiamo rispetto, però la causa della determinazione di esso si trova nella pura ragion pratica; e tale sensazione, quindi, quanto alla sua origine, non può dirsi prodotta patologicamente, bensì praticamente", I. Kant, *Critica della Ragion Pratica*, in I. Kant, *Fondazione della Metafisica dei Costumi. Critica della Ragion Pura*, Rusconi, Milano 1982, p. 275.

[43] I. Kant, *Fondazione della Metafisica dei Costumi,* p.87.

Dio che, essendo giudice del senso morale ed essendo padrone della natura, assicuri che il virtuoso alla fine sarà felice[44].

Dio si pone pertanto come *garante* della conquista *del sommo bene* in cui la morale cristiana si dà come la vera etica in quanto "il principio cristiano della morale come tale non è teologico (e pertanto eteronomo), ma è l'autonomia della ragion pura pratica per se stessa: perché tale morale non pone la conoscenza di Dio e della sua volontà a fondamento di queste leggi, ma solo del raggiungimento del sommo bene, a condizione che le leggi stesse siano eseguite; e il vero e proprio movente che spinge a obbedire alle leggi non lo pone nelle loro conseguenze desiderate, ma soltanto nella rappresentazione del dovere, nella cui rigorosa osservanza fa consistere tutto il merito di ottenere anche quelle conseguenze. In tal modo, mediante il concetto del sommo bene come oggetto e scopo finale della ragion pratica, conduce alla *religione,* cioè alla *conoscenza di tutti i doveri come comandi divini:* non in quanto sanzioni, cioè disposizioni arbitrarie in sé accidentali, di una volontà estranea, bensì come leggi essenziali di ogni volontà libera per se stessa, le quali, pure, devono venir considerate come comandi dell'Essere supremo, perché solo da una volontà moralmente perfetta (santa e buona), e insieme onnipotente, possiamo sperare il sommo bene, che la legge morale ci fa un dovere di porre come oggetto dei nostri sforzi; e possiamo, quindi, sperare di raggiungerlo grazie all'accordo con tale volontà"[45].

[44] S.Vanni Rovighi, *Introduzione allo studio di Kant,* pp. 207-279. "Radicando l'atteggiamento religioso nella lotta della virtù, Kant manifesta la radice morale del religioso, il fondamento morale del religioso, nonché lo slancio e il compimento religioso della moralità". X. Tillette, *La Chiesa nella filosofia*, Morcelliana, Brescia 2003, p. 58.

[45] I. Kant, *Critica della Ragion Pratica,* pp. 345-346.

2.3 La questione religiosa

Nell'opera 'La religione entro i limiti della ragione' la religione razionale, puramente morale, è intrinseca nella rivelazione[46], ne determina la parte interna senza misconoscere l'unità implicita[47]. La religione cristiana, in quanto assunto indimostrabile e assioma che si pone oltre i limiti della ragione, è l'autentica religione naturale nella quale la parola di Dio è presente nei cuori sotto forma di legge ragionata[48]. Per Kant la religione[49] si configura come un fatto

[46] Kant parla di rivelazione di Dio in Cristo "le cui dottrine possono essere esaminate da noi in quanto le abbiamo già in noi stessi". I. Kant, *La religione entro i limiti della semplice ragione,* Bompiani, Milano 2001, p. 363.

[47] Non è questa la sede ma sarebbe interessante indagare il rapporto tra Kant e Schelling circa la relazione tra Rivelazione, filosofia e ragione, dove lo Schelling, da una parte, critica Kant definendo 'La Religione nei limiti della semplice Ragione' come "la base più importante del razionalismo volgare, che non è stata ancora completamente dimenticata" (*Filosofia della Rivelazione*, Rusconi, Milano 1997, p. 239) e, da altra parte, sembra argomentare verso posizioni di tipo razionalistico, per esempio, quando dice che "quei teologi che non trovano *il contenuto della Rivelazione cristiana vero in sé,* ma solo per il fatto che esso è stato dato da Dio a coloro attraverso i quali fu annunciato, debbono attribuire a tale atto un particolare peso. Ora, io non voglio negare che nella filosofia della Rivelazione possa presentarsi un punto in cui venga indagata anche la possibilità o l'impossibilità di una rivelazione anche in questo senso. Questa domanda sarà però sempre, nella filosofia della Rivelazione, soltanto una domanda subordinata...La filosofia della Rivelazione non si rapporta alla mera formalità di un atto divino, che in ogni caso sarebbe solo un atto particolare; *essa si rapporta all'universale della Rivelazione, anzitutto al suo contenuto e alla grande universale sintesi in cui soltanto questo contenuto è comprensibile*. Il contenuto della Rivelazione è anzitutto un contenuto storico: esso è un contenuto che si manifesta in un tempo determinato, che cioè si inserisce in ciò che si manifesta nel mondo, ma che per quanto riguarda la sostanza era presente e preparato, quand'anche non manifesto e nascosto, 'prima della fondazione del mondo'" (*Filosofia della Rivelazione*, Rusconi, Milano 1997, pp. 233-235).

[48] R. Bertalot, *Fasi della cultura europea d'oltralpe,* Edizioni Istituto di Studi Ecumenici S. Bernardino, Venezia 2002, p. 21.

[49] "La religione, considerata dal punto di vista soggettivo, è la conoscenza di tutti i nostri doveri come comandi divini". Kant poi spiega in nota che "con questa definizione si evitano alcune interpretazioni erronee del concetto di religione in generale. In primo luogo, dal punto di vista teoretico, la conoscenza e la professione di fede non comportano qui nessun sapere di tipo assertorio (neppure l'asserzione «Dio esiste»), poiché questa professione, a causa della nostra ignoranza intorno agli oggetti soprasensibili, potrebbe essere anche simulata. Dal punto di vista speculativo, dunque riguardo alla causa suprema delle cose, tutto ciò che qui si richiede è soltanto un'ammissione problematica (un'ipotesi). Nella prospettiva dell'oggetto verso cui la nostra ragione morale ci comanda di tendere, invece, si richiede una fede assertoria pratica, quindi libera, la quale promette che lo scopo finale della ragione sarà raggiunto. Questa fede ha bisogno soltanto dell'idea di Dio, alla quale deve necessariamente far capo ogni impegno morale serio (accompagnato perciò con fede) verso il Bene, senza pretendere di poter assicurare a questa idea una realtà oggettiva per mezzo della conoscenza teoretica. In vista di ciò che può essere prescritto a ogni uomo come dovere, dev'essere già sufficiente, dal punto di vista soggettivo, il *minimum* della conoscenza (cioè: «è possibile che esista un Dio»). I. Kant, *La religione entro i limiti della semplice ragione,* p. 353.

prettamente morale perché sgorga da necessità morale in quanto gli uomini, incapaci di agire moralmente, hanno bisogno di cogliere l'agire morale come volontà di Dio, resa visibile in una realtà storica[50], in una Scrittura[51], la quale "ordina di amare il prossimo, e perfino il nemico"[52]. Però *a Kant non interessa il valore storico e rivelato in quanto tale del Cristianesimo* "perché il valore delle dottrine cristiane è dato dal loro contenuto morale, non dal fatto che siano o meno rivelate"[53].

Tenendo presente questi principi teoretici kantiani su Dio, la morale e la religione, quella cristiana, possiamo ora delineare la sua filosofia cristologica, che ha come paradigma ermeneutico la figura di Cristo, Dio per quanto attiene la fede del cuore ma non per la ragione e intelligenza dell'uomo.

---

[50] Realtà storica che può essere lo stato in cui gli uomini difendono e proteggono la loro libertà ma può darsi come comunità di intenti morali in cui coloro che vivono la legge morale si sentono corroborati e uniti nella lotta contro il male per la vittoria del bene. Questa comunità è unica perché una è la legge morale cioè la Chiesa invisibile, quale società degli uomini di buona volontà. "Una comunità etica fondata sulla legislazione morale divina è una chiesa, la quale, non essendo oggetto di un'esperienza possibile, si chiama *chiesa invisibile* (l'idea semplice dell'unione di tutti i giusti sotto il diretto governo universale e morale. Di Dio: tale idea funge da modello per ogni altra chiesa istituita da uomini" (I. Kant, *ivi*, p. 241). L'uomo però è un essere concreto e sensibile ed ha bisogno di vedere nella realtà questa unità degli uomini di buona volontà e ciò si esprime nella chiesa visibile dove "la vera chiesa (visibile) è quella che manifesta il regno (morale) di Dio sulla terra, nella misura in cui esso è attuabile dall'uomo." (I.Kant, *ivi*, p.243). X. Tillette, *La Chiesa nella filosofia*, pp. 55-64.

[51] Gli uomini hanno bisogno di una Scrittura per sapere bene quale sia la volontà di Dio data storicamente. In questo senso la religione che si dà in modo puro, razionale, naturale si traduce in religione storica, statutaria o rivelata, positiva. "La religione in cui mi occorre prima sapere che qualcosa è un comando divino perché io possa poi riconoscerlo come mio dovere, è la religione rivelata (o che necessita di una rivelazione). Quella invece in cui devo prima sapere che qualcosa è mio dovere per poterlo poi riconoscere come un comando divino, è la religione naturale". (I. Kant, *ivi*, p.355). Kant poi distingue tra razionalista-naturalista (necessaria solo la religione naturale); razionalista puro (relatività dell'esistenza di una rivelazione; non ne è interessato); soprannaturalista (necessaria anche la religione rivelata): "Chi sostiene che soltanto la religione naturale è moralmente necessaria – che sola essa, cioè, costituisce un dovere - , può essere chiamato anche *razionalista* (nelle cose di fede). Se poi costui nega la realtà di ogni rivelazione divina soprannaturale, è chiamato *naturalista;* se invece ammette la possibilità di una tale rivelazione, ma afferma nello stesso tempo che la religione può fare a meno di conoscerla e di ammetterla come reale, allora lo si potrebbe definire un *razionalista puro.* Infine, chi ritiene che per la religione universale sia necessaria la fede in una rivelazione, potrebbe chiamarsi *soprannaturalista* puro nelle cose di fede". (*Ivi.*)

[52] I. Kant, *Fondazione della Metafisica dei Costumi,* p. 87-88.

[53] S. Vanni Rovighi, *Introduzione allo studio di Kant,* p. 295.

2.4 Cristo come Dio per la fede del cuore, non per l'intelligenza

Di Cristo dice Kant "vogliamo citare alcuni suoi insegnamenti che si presentano indiscutibilmente quali documenti di una religione universale, comunque stiano le cose sul piano storico (infatti già l'idea stessa della religione contiene la ragion sufficiente per accettarli come documenti). E non può trattarsi che di dottrine razionali pure, perché solo queste dimostrano se stesse e sono la base necessaria per l'attestazione e la verità delle altre [...] infine, egli riassume tutti i doveri in due sole regole. 1) la prima è una regola *universale* che abbraccia tutti i rapporti morali, interni ed esterni, degli uomini, e dice: fa il tuo dovere avendo come unico movente il suo valore immediato, cioè ama Dio (il Legislatore di tutti i doveri) al di sopra di ogni cosa. 2) La seconda è una regola *particolare* che riguarda i rapporti esterni fra gli uomini considerandoli come dovere universale, e dice: Ama ciascuno come te stesso, cioè fagli del bene per benevolenza immediata, non per motivi egoistici"[54].

Nel cristianesimo Kant cerca solo il dato morale e la *figura di Cristo è esempio morale per l'uomo* e "la fede nel Figlio di Dio fatto uomo non consiste altro che nel credere che possiamo realizzare in noi l'ideale morale[55]. Nel Cristianesimo "abbiamo dunque una religione completa che ogni uomo, in virtù della sua ragione, può riconoscere come comprensibile e convincente. Essa, inoltre, è stata resa visibile in un

[54] I. Kant, *La religione entro i limiti della semplice ragione,* p. 365 e p. 367.

[55] S. Vanni Rovighi, *Introduzione allo studio di Kant,* p. 296.

esempio che può, anzi, che deve necessariamente servirci da modello d'imitazione (nella misura in cui l'uomo ne è capace)"[56].

Parimenti *non serve che l'incarnazione del Figlio abbia connotazioni soprannaturali*. Infatti per l'ideale morale non c'è "bisogno di pensare ad un'origine soprannaturale di quest'uomo;[...] quello che importa non è la realtà storica dell'Incarnazione (realtà molto problematica e svuotata di ogni contenuto dogmatico per Kant) ma la realtà morale di essa, ossia il miglioramento e il perfezionamento morale dell'uomo"[57].

Infatti, Kant dice che "tutto ciò avviene senza che ci sia affatto bisogno di attestare ulteriormente né la verità di quegli insegnamenti, né il prestigio e la dignità del maestro (questa eventuale attestazione ulteriore comporterebbe erudizione o miracoli, cose che però non sono alla portata di tutti"[58].

Da tutto ciò si comprende come la filosofia cristologica kantiana vede *Cristo come Dio per la fede del cuore, non per l'intelligenza e la ragione dell'uomo*. Questo vuol dire che Gesù Cristo, per la ragione umana, è solo e semplicemente un uomo. E' creduto come il redentore dell'uomo perché è la fede che lo fa credere come il Dio incarnato, morto e risorto per gli uomini. Agendo così però la fede si pone in totale contraddizione e antitesi con i requisiti del sapere e della conoscenza. Ormai non sussiste più una relazione di reciprocità tra fede e ragione. Sono definitivamente divise e intraprendono perciò un itinerario radicalmente differente l'una dall'altra.

L'intelligenza e la ragione dell'uomo dovranno impegnarsi a indagare e conoscere solo le cose terrene, sensibili del mondo e della scienza;

---

[56] I. Kant, *La religione entro i limiti della semplice ragione*, p. 371.
[57] S. Vanni Rovighi, pp. 296-297.
[58] I. Kant, *La religione entro i limiti della semplice ragione*, p.371.

mentre la fede dovrà per credere affidarsi, senza alcuna spiegazione e giustificazione razionale, a quello che dice la Bibbia su Gesù Cristo.
Allora la parola del Vangelo non è più la parola del Verbo di Dio fattosi uomo in cui si ritrovano in modo perfetto l'intelligenza di Dio e il suo sapere attraverso il quale egli conosce realmente l'essenza delle cose e l'intelligenza dell'uomo.
La parola di Cristo non è più la chiave ermeneutica per sapere e conoscere la realtà umano-divina delle cose e il mistero dell'uomo.
La persona di Cristo diventa semplicemente un mero riferimento per la fede, del quale non si può sapere nulla. Dinanzi a ciò pare che la luce di Cristo non illumini più la ragione umana ma piuttosto la offuschi; di conseguenza la ragione si allontana dall'incontro di Dio in Cristo e, impaurita e sgomenta, crea una divisione insormontabile tra il mistero in cui si dà la fede e la conoscenza della realtà, oggetto della ricerca razionale. "Ora, gran parte della cultura filosofica che si esprime nell'ateismo nell'epoca moderna e contemporanea manifesta proprio questa frattura, questo solco quasi invalicabile che è sembrato aprirsi fra l'uomo e Dio, fra la religione e la fede, tra la conoscenza dell'uomo e la Sapienza di Dio.
L'antica attesa e ricerca di Dio da parte della ragione viene negata e viene infranta l'unità armonica tra ragione e fede, filosofia e teologia, conoscenza e Dio realizzata dal pensiero cristiano"[59].
Per la ragione umana non è possibile conoscere Dio, il Dio rivelato come esistente nella persona di Cristo: egli rimane il Totalmente Altro, per una incommensurabile trascendenza del mistero.

[59] G. Mura, *Riflessioni sul pensiero moderno e contemporaneo,* in Aa.Vv., *Il problema ateismo. Per una comprensione del fenomeno,* p. 155.

2.5 Conclusioni e prospettive

L'influenza della filosofia cristologica kantiana si riflette oggi particolarmente in larghi settori del pensiero e della cultura, in modo speciale in quei filoni della filosofia della scienza o dell'analisi del linguaggio svincolati completamente dalla fede.

L.Wittgenstein, per esempio, noto filosofo del linguaggio, afferma che sulla fede in realtà non si può dire nulla perché la fede non è altro che il luogo in cui s'esprime il silenzio dell'uomo o le decisioni della fede pura che si danno senza alcuna motivazione razionale.

Cosa sono allora secondo la sua prospettiva filosofica il linguaggio e la parola dell'uomo? Essendo il linguaggio e la parola umana, manifestazioni dell'intelligenza e della ragione dell'uomo, si connotano come forme di ateismo in quanto la loro azione attiene unicamente ai fatti del mondo senza permettere all'uomo razionale di conoscere le realtà trascendenti i fatti stessi cioè quelle metafisiche[60].

"All'intelletto dell'uomo, come dicono Kant e Wittgenstein, è dato di conoscere solamente i «fenomeni» o i «fatti» del mondo, la realtà che possono essere sperimentate dalla scienza; è invece alla «fede» dell'uomo, al di là e anche contro la sua stessa ragione, che è dato di accedere al mistero di Dio. Del resto è noto come questi filosofi, propugnatori di un ateismo di tipo metafisico, fossero in realtà dei credenti, sui quali, come nel caso di Kant e di Wittgenstein, non si può

[60] "Ma è proprio questo l'esito novecentesco della secolare dicotomia operata dalla Riforma protestante tra ragione come conoscenza certezza (materiale) e fede come non conoscenza-sentimento (spirituale), divergenti e incomunicabili: sul piano verificabile della «ragione» Dio cessa di essere il Creatore del mondo, su quello inverificabile della «fede» non cessa di esserne, ma infondatamente, la causa, il significato e la redenzione stessa". G. Casoli, *L'ateismo moderno-V* in *Nuova umanità* 105-106 (1996) 3-4, p. 417; A. Poppi, *la Verità*, 33-40; R. Pititto, *L'etica senza fondamento: L. Wittgenstein*, in Aa.Vv., *Il Valore*, pp. 208-220.

non rimarcare l'influsso della radicale opposizione posta da Lutero tra la *pura ratio* e la *sola fides*, il *solo Deus*" [61].

2.5.1 L'ateismo metafisico, l'ateismo fondato nella fede

Questa forma di ateismo si pone perciò come una modalità di ateismo, che salvaguarda l'incontro con Cristo solo nella fede[62]. Prende origine, come abbiamo visto, dalla filosofia cristologica kantiana; è presente nella vita contemporanea e questa relazione culturale con la figura di Cristo potremo definirla come un *ateismo metafisico, un ateismo radicato nella fede*[63]. Ma come si può essere atei, pur dicendo di possedere la fede in Cristo?

Questa declinazione di ateismo provoca una scissione insuperabile nell'uomo tra la sua ragione e la sua fede, e quindi tra la natura dell'uomo e la rivelazione di Dio, in modo tale che non sia realmente più possibile conoscere qualcosa di Dio, rivelatosi in Cristo.

Certamente *l'uomo può credere in Cristo, però la sua fede deve oltrepassare la sua ragione*, non tanto perché la fede concerne verità di tipo trascendente ma perché, per la ragione non vi sono motivazioni reali e razionali per credere e, quanto la fede propone, dalla ragione umana non può essere accettato come vero né ovviamente i contenuti della fede possono essere conosciuti dall'uomo.

Come abbiamo sottolineato questa dinamica di ateismo si colloca nel terreno della fede. Da una parte afferma che si può credere in Cristo,

---

[61] G. Mura, *Riflessioni sul pensiero moderno e contemporaneo,* in Aa.Vv., *Il problema ateismo. Per una comprensione del fenomeno,* p. 159.

[62] Infatti, Wittgenstein in un'annotazione del 1937 conferma questa scissione tra fede e ragione sulla redenzione di Cristo:"Ma se devo essere VERAMENTE redento, - allora ho bisogno di *certezza* – non di sapienza, sogni, speculazione – e questa certezza è la fede. E la fede è fede in ciò di cui ha bisogno il mio *cuore,* la mia *anima*, non il mio intelletto speculativo". Cit. in X. Tilliette, *La settimana santa dei filosofi,* Morcelliana, Brescia 1992, p. 144.

[63] G.Mura., *Forme dell'ateismo contemporaneo,* in Aa.Vv., *Il Dio di Gesù Cristo*, Città Nuova, Roma 1982, pp. 286-288.

dall'altra, secondo questa filosofia cristologica, su Dio non si può conoscere nulla neanche se esiste, e che sulla persona di Cristo si può sostenere la sua divinità se non procedendo contro la ragione stessa secondo l'ottica di una pura fede.

Un figura emblematica di ateismo nella fede cioè di questo modo di pensare in senso filosofico-cristologico la persona di Cristo, l'abbiamo con il filosofo Pascal, il quale diceva che "se c'è un Dio, è infinitamente incomprensibile [...] non ha nessun rapporto con noi: noi siamo dunque incapaci di conoscere né quel che Egli è, né se Egli é". Secondo il filosofo A.Del Noce, *Pascal* sarebbe affetto da un «antiumanesimo radicale»[64]. Anche se Pascal era un autentico credente, all'ateo non poteva altro che suggerire, come possibilità della fede in Dio e in Cristo, solo e semplicemente il criterio di una pura scommessa. Così consolidava, a livello culturale, questo ateismo nella fede, che è stato veramente deleterio per l'uomo moderno perché lo ha diviso da Dio e, in modo particolare, ha separato lo sviluppo dei valori umani dalla Parola di Cristo. Secondo questa modalità ateistica si afferma di credere ma, in realtà, non si amplia la propria cultura, la propria educazione e la propria formazione umana ed intellettuale in riferimento ai valori che nascono dalla fede in Cristo.

Si attua una divisione, una lacerazione prima di tutto dentro di noi, ma poi questa frattura provoca *una reale e concreta spaccatura tra i principi e i valori della fede e quelli della ragione*; tra il mondo interiore e privato della propria spiritualità e il discernimento terreno per le scelte storiche da attuarsi, le quali si evolveranno in modo

[64] A. Del Noce, *Il problema dell'ateismo, Il concetto di ateismo e la storia della filosofia come problema*, Il Mulino, Bologna 1970³, p. 467. "Pascal oppone vivamente alla *géométrie* cartesiana una *finesse,* che però non lo salva, più di Cartesio, dal razionalismo rinascimentale: la sua fede, infatti, o non è pensata o si risolve in scommessa (*il faut parier*)". G. Casoli, *L'ateismo moderno-I* in *Nuova umanità* 97 (1995) 1, p. 31.

autonomo, a prescindere dalla fede, fino a diventare atteggiamenti *contrari a Cristo e alla religione cristiana.*

2.5.2 Atto di fede e atto di ragione

Il magistero della Chiesa cattolica[65] si è opposto a questa forma di ateismo nella fede, nato dalla filosofia cristologica di Kant, definendo questa visione con il termine *fideismo*[66], il quale poi si è declinato anche in impostazione teologica ed esistenziale per l'uomo.

A questa sfida dell'ateismo nella fede e al relativo fideismo, oltre ai dati magisteriali è possibile rispondere anche con motivazioni di tipo razionale[67].

Se Dio ci ha creati con la ragione, in quanto Dio – oltre ad essere perfetto Amore è anche perfetta Ragione - che senso può avere per l'uomo non poterla usare per cercare di conoscere qualcosa di Lui che ci ha fatti a Sua immagine e somiglianza?

---

[65] La costituzione dogmatica 'Dei Filius' del Concilio Vaticano I dice che "la santa madre Chiesa tiene e insegna che Dio, principio di tutte le cose, può essere conosciuto con certezza col lume naturale della ragione umana attraverso le cose create".(Concilio Ecumenico Vaticano I, Costituzione dogmatica sulla fede, *Dei Filius*, II, DS 3004; cf. anche DS 3206); La Dei Verbum del Concilio Vaticano II :"Dio, principio e fine di tutte le cose, può essere conosciuto con certezza col lume naturale dell'umana ragione dalle cose create" (Concilio Ecumenico Vaticano II, Costituzione dogmatica sulla divina Rivelazione, *Dei Verbum*, n.6; l'enciclica 'Fides et Ratio': "O Dio onnipotente ed eterno, tu hai messo nel cuore degli uomini una nostalgia di te, che solo quando ti trovano hanno pace. Esiste quindi un cammino che l'uomo, può percorrere; esso prende il via dalla capacità della ragione di Innalzarsi al di sopra del contingente per spaziare verso l'infinito" (Giovanni Paolo II, *Fides et Ratio,* paragrafo 24. Cf. anche n.36 e n.53.; il Catechismo della Chiesa Cattolica: "Creato a immagine di Dio, chiamato a conoscere e ad amare Dio, l'uomo che cerca Dio scopre alcune «vie» per arrivare alla conoscenza di Dio. Vengono anche chiamate «prove dell'esistenza di Dio», non nel senso delle prove ricercate nel campo delle scienze naturali, ma nel senso di «argomenti convergenti e convincenti» che permettono di raggiungere vere certezze" (Catechismo della Chiesa Cattolica, n. 31) o "Indubbiamente, l'intelligenza umana può già trovare una risposta al problema delle origini. Infatti è possibile conoscere con certezza l'esistenza di Dio Creatore attraverso le sue opere, grazie alla luce della ragione umana" (*Ivi*, n. 286).

[66] Il fideismo consiste nell'esaltare la pura fede contro la razionalità e i valori dell'intelletto, il quale si trasforma, non solo in irrazionalismo, ma si pone come negazione e annullamento di quei valori di cultura e di lavoro intellettuale cui il mondo moderno si rivela particolarmente sensibile.

[67] G. Samek Lodovici, *L'esistenza di Dio,* Editrice Il Timone, Novara 2004, pp. 17-18.

Se l'*atto di fede* nei confronti dell'esistenza di Dio deve avvenire come *atto di libertà*, giacché ciò lo specifica come *atto veramente umano*, *come può avvenire senza la mia razionalità umana*?
Anzi bisogna dire che la ragione deve essere presupposta per fare questo. Come si può scegliere qualcosa se non la si può apprendere con la ragione neppure in minima parte?
Inoltre, per accogliere il mistero con un atto di fede, si deve sapere in parte di cosa si discute. Le religioni sono varie e differenti: per poter discernere quella vera si deve avere un mezzo per giudicare i contenuti religiosi, distinto dalla fede stessa e questi non è altro che la ragione umana.
E' vero che il Dio dei filosofi non è il Dio vivente della fede, per dirla con Pascal - il Dio di Abramo, di Isacco e di Giacobbe, il Dio di Gesù Cristo - però la razionalità umana, che si esprime come filosofia, può riuscire a descrivere alcuni principi esistenziali di Dio, come quello di Dio-Persona, di onnipotenza, di eternità, di infinito, di perfezione, di somma bellezza, di amore reciproco, di pura razionalità.
Pertanto *il Dio pensato dalla ragione, il Dio della filosofia non è incompatibile con quello della fede*, anzi l'atto di ragione è un aiuto per conoscerlo e esercitare così un autentico atto di fede[68].
La filosofia "si configura come uno dei compiti più nobili dell'umanità"[69], perciò appartiene all'uomo accedere a Dio con la ragione.
Sarebbe antiumano non farlo, solo perché la comprensione di Dio che si ottiene è minore rispetto a quella che si ha con la Rivelazione, "sarebbe

[68] S. Tommaso d'Aquino, *Somma teologica,* I, q.2.a.2, Edizioni Studio Domenicano, Bologna 1996, pp. 47-48.
[69] Giovanni Paolo II, *Fides et ratio,* paragrafo 3.

come rinunciare ad un tesoro solo perché è meno grande di un altro"[70]. Possiamo allora dire che la filosofia cristologica di Kant in cui Cristo è Dio per la fede del cuore ma non per l'intelligenza ha origine dalla divisione del Cristo, nella sua natura umana e divina, compiuta dal pensiero moderno.

Dal punto di vista teologico questa filosofia cristologica si è poi declinata in una visione teologica in cui Dio viene interpretato come il totalmente Altro dalle cose e dall'uomo, la quale non ammette la possibilità dell'analogia e quindi non permette la possibilità di conoscere qualcosa del suo mistero[71].

[70] G. Samek Lodovici, *L'esistenza di Dio,* p.19.

[71] I. Mancini, *Dio* in *Nuovo Dizionario di Teologia*, G. Barbaglio- S,Dianich (a cura di), Paoline, Milano 1985[4], pp. 311-336, in particolare pp. 311-314.

3. La filosofia cristologica in Hegel.

La menschwerdung cristologica

Il centro focale ermeneutico della visione intellettuale di Hegel che così decisamente e profondamente ha condizionato il nostro modo di pensare e di agire oggi a livello filosofico[72], culturale, sociale, politico e religioso può essere rinvenuto nella sua declinazione religiosa[73] e cioè più precisamente nella sua declinazione filosofico-cristologica.
Il principio basilare interpretativo più autentico e autorevole della concezione del pensiero di Hegel va scoperto proprio nella sua filosofia cristologica[74], in quanto "«la» principale peculiarità del sistema hegeliano va ricercata in quel nesso strutturale far pensiero speculativo e rivelazione cristiana che ne è la scaturigine più profonda e la costante sorgente d'alimentazione"[75].
Cercherò di offrire e sottolineare alcune idee essenziali per la comprensione del pensiero di Hegel sulla figura di Gesù Cristo ossia sulla sua filosofia cristologica. È certo infatti che *il paradigma di tutta la struttura speculativa hegeliana sia specificata dalla sua originale esegesi sulla figura di Gesù Cristo*[76].

---

[72] H.G. Gadamer, *La filosofia di Hegel e l'influsso che ha esercitato fino ad oggi*, in *La ragione nell'età della scienza,* Il Melangolo, Genova 1982, pp. 37-50. G. Reale-D.Antiseri, *Il pensiero occidentale dalle origini ad oggi,* vol 3, Editrice La Scuola, Brescia 1984[3], pp. 65-119.

[73] "Per Hegel la dimensione metafisico-religiosa è fondante e non è solo qualcosa di accessorio o di sovrastrutturale rispetto a quella etico-politica: solo in quanto il cristianesimo ha introdotto il concetto di soggettività, è stato poi possibile all'eticità moderna uno spazio dei diritti soggettivi dell'individualità, che mancavano invece nell'etica antica". P. De Vitiis, *Joachim Ritter e la Menschwerdung nell'hegelismo teologico*, in Aa.Vv., *Incarnazione*, a cura di M.M. Olivetti, Cedam, Padova 1999, p. 653-654.

[74] F. Biasutti, *Assolutezza e Soggettività. L'idea di religione in Hegel,* Edizioni Verifiche, Trento 1979, pp. 145-147;

[75] P. Coda, *Hegel e la teologia oggi* in *Nuova Umanità* 49 (1987), p.113.

[76] Sulle ricadute dell'interpretazione hegeliana del rapporto tra Cristo-rivelazione-storia, per esempio Pannenberg, noto studioso della cristologia di Hegel in ambito riformato, dice che Hegel ha "il merito di aver pensato compiutamente la rivelazione come storia universale: «Hegel ha portato a compimento in modo sistematico la concezione della storia universale come rivelazione indiretta di Dio, unitamente alla

Dalla persona di Cristo – letta secondo una sua determinata visione ermeneutica – Hegel esplicita i criteri basilari che sostengono la sua filosofia cristologica. Non vale più per Hegel, come avveniva invece nella cultura medievale, collocare il Verbo incarnato come paradigma centrale per il riflettere della filosofia e della teologia. Non c'è più l'inquietudine intellettuale per l'ortodossia cristologica in quanto "l'unico mediatore della salvezza è Gesù Cristo (principio del 'solus Christus'). Vanno cancellate le pretese mediazioni umane: gerarchia ecclesiastica, sacramenti, santi ordini religiosi ecc."[77]. *È il principio della fede pura di origine protestante*. E' questo l'orizzonte normativo fondamentale per la lettura della figura di Cristo. Non c'è, perciò, più l'esigenza di un carisma dogmatico per la sua interpretazione perché a Cristo si va senza alcun intervento di mediazione. Ciò comporta che ogni esegesi su Cristo[78] sia il prodotto della concezione propria del filosofo, secondo una dinamica della priorità della ragione sulla fede che porta a dimenticare o a oscurare il significato del mistero di Cristo, proprio della Rivelazione cristiana[79].

---

chiarificazione del concetto di autorivelazione. Il tardo Schelling ha, da questo punto di vista, continuato positivamente Hegel. Tutti avevano la coscienza di aver fatto valere nel pensiero, con questa concezione, la tradizione biblica» (Offenbarung als Geschichte)". P. De Vitiis, *Il problema della Rivelazione in W. Pannenberg*, in *Filosofia della Rivelazione*, in Aa.Vv., *Filosofia della Rivelazione,* M.M. Olivetti (a cura di), Cedam, Padova 1994, p. 877. Parimenti Pannenberg, però, si distanzia ha Hegel su ciò, sostenendo che "Hegel mantenne sì fermo che l'accadimento di Cristo era l'unica rivelazione di Dio, però in quanto egli intese solo il suo proprio tempo, solo la sua propria filosofia come il *kairós* della universale comprensione della storia, questa venne ad entrare di fatto in concorrenza con la rivelazione di Cristo" (Offenbarung als Geschichte). *Ivi*, p. 878.

[77] G. Panteghini, *L'uomo alla luce di Cristo*, p. 92.

[78] "Nella concezione protestante della libera interpretazione del Verbo". E. De Negri, *Introduzione. Teologia e storicismo,* in G.W.F. Hegel, *I principi,* La Nuova Italia, Firenze 1973, p. xx.

[79] Per cogliere il concetto di rivelazione cristologica in Hegel, bisogna ricordare che "precedentemente all'illuminismo il concetto di rivelazione tendeva ad identificarsi con quello dogmatico di *ispirazione* della Sacra Scrittura , e proprio la critica radicale cui il pensiero illuministico sottopose il concetto di ispirazione verbale del testo sacro è il presupposto dell'introduzione di un nuovo concetto di rivelazione come «autodischiudimento (*Selbsterschließung)*» o «dischiudimento essenziale (*Wesenserschließung)* dell'Assoluto» (Offenbarung als Geschichte), formulato per la prima volta da Hegel, per il quale il cristianesimo è religione rivelata in quanto in esso l'Assoluto si è dato a conoscere come spirito. La rivelazione non rende dunque noti dati di fatto altrimenti non conosciuti, ma ha come contenuto Dio stesso

Per Hegel ormai la ragione rispetto alla fede non è più, come una volta, la sua ancella; ha acquisito ormai la sua autonomia; è una ragione vittoriosa ma, conseguita tale vittoria, rimane per lei da risolvere il problema della questione dell'unità tra l'infinito di Dio e il finito dell'uomo[80].

3.1 Hegel contro Kant

Ci chiediamo come mai, allora, Hegel abbia messo al centro della sua riflessione filosofica la persona di Cristo? Per rispondere a questa basilare domanda, dobbiamo tener presente l'acuto e profondo dissenso che Hegel aveva nei confronti di Kant perché, diceva, che c'è "in Kant, l'impossibilità della coscienza di andare oltre se stessa"[81]. *Kant ha diviso in modo irriducibile Dio e l'uomo*[82] provocando una lacerante separazione fra la vita di Dio, concepito come 'Totalmente Altro' e la vita quotidiana dell'uomo[83].

che si rivela nella propria essenza, cosicché essa è *autorivelazione /Selbstoffenbarung)* di Dio, un termine che – come Pannenberg fa notare in uno scritto sulla rivelazione successivo a *Offenbarung als Geschichte* – è stato introdotto da Schelling nello scritto del 1809 sulla libertà". P. De Vitiis, *Il problema della rivelazione in W. Pannenberg*, in *Filosofia della Rivelazione*, p. 877.

[80] "La ragione è un'ancella della fede, così come ci si esprimeva in tempi più remoti, ed è contro questa concezione che la filosofia ha definitivamente affermato la sua propria autonomia [...] e la ragione, se è ragione, per altro, quel che si attribuisce a questo nome, ha potuto farsi valere nella religione positiva [...] e la gloriosa vittoria che la ragione illuministica ha conseguito su ciò che, come fede, essa considerava, per la sua scarsa capacità di comprendere i problemi religiosi, un opposto a sé – osservava attentamente, non appare di natura diversa". G.W.F. Hegel, *Fede e sapere o Filosofia della Riflessione della soggettività nell'integralità delle sue forme come filosofia di Kant, di Jacobi e di Fichte*, in *Primi scritti critici*, R.Bodei (a cura di), Mursia, Milano 1971, p. 123.

[81] G.W.F. Hegel, *Fede e sapere o Filosofia della Riflessione della soggettività nell'integralità delle sue forme come filosofia di Kant, di Jacobi e di Fichte,* in *Primi scritti critici*, p. 132.

[82] Questo perché il tentativo di Kant di "rivitalizzare la forma positiva della religione attribuendole un significato derivante dalla sua filosofia non ha avuto successo[...] la ragione [...] non ha potuto far niente di meglio che [...] giungere alla conoscenza di sé e riconoscere così il proprio esser-nulla, per ciò che essa pone il meglio di sé, essendo solo intelletto, come *un al di là in una fede al di fuori e al di sopra di sé*". G.W.F. Hegel, *Fede e sapere o Filosofia della Riflessione della soggettività nell'integralità delle sue forme come filosofia di Kant, di Jacobi e di Fichte,* in *Primi scritti critici*, p. 123-124.

[83] Infatti "secondo Kant il soprasensibile non può essere conosciuto dalla ragione, l'idea suprema non ha insieme anche realtà" G.W.F. Hegel, *Fede e sapere o Filosofia della Riflessione della soggettività nell'integralità delle sue forme come filosofia di Kant, di Jacobi e di Fichte,* in *Primi scritti critici,* p. 124

Seguire le leggi morali e religiose semplicemente per un mero e semplice dovere - come Kant indica nella Critica della Ragion pratica[84]- vuol dire schiavizzare gli uomini; renderli succubi di un Dio con il quale non è possibile alcuna relazione; un Dio che gli uomini non possono né conoscere né amare, perché è "un Dio inconoscibile"[85].

Il giovane Hegel[86] lotta contro questa anacronistica e totale divisione tra Dio e l'uomo creata da Kant[87]. Si chiede cosa significhi *unificare la realtà di Dio con quella dell'uomo* e va alla ricerca di un sapere di Dio – filosofico e teologico - che sia la manifestazione di questa unità. Afferma che "in ciò consiste il compito della filosofia: nell'unificare questi presupposti, porre l'essere nel non-essere – come divenire, la scissione nell'assoluto – come manifestazione di esso, il finito nell'infinito – come vita"[88], sapendo, inoltre, che "la filosofia deve terminare con la religione appunto perché la filosofia è un pensare, e dunque ha l'opposizione da una parte del non pensare e d'altra parte del pensante e del pensato: essa ha il compito, specialmente riconoscendo, attraverso l'infinito di sua competenza, le illusioni e ponendo così il vero infinito fuori della sua sfera. L'innalzamento del finito all'infinito

[84] "Il concetto assoluto che come ragion pratica è semplicemente per sé, è la più alta oggettività nel finito, assolutamente postulato come idealità in sé e per sé" e "in Kant il concetto infinito è posto in sé e per sé e come ciò che è riconosciuto unicamente dalla filosofia". G.W.F. Hegel, *Fede e sapere o Filosofia della Riflessione della soggettività nell'integralità delle sue forme come filosofia di Kant, di Jacobi e di Fichte,* in *Primi scritti critici*, pp. 130-131.

[85] G.W.F. Hegel, *Fede e sapere o Filosofia della Riflessione della soggettività nell'integralità delle sue forme come filosofia di Kant, di Jacobi e di Fichte,* in *Primi scritti critici*, p. 128.

[86] "Egli era uno studente di teologia; e tale sarebbe voluto diventare: un teologo più che un filosofo". P. Foresi, *La filosofia e Dio,* in Nuova Umanità 174 (2007) 6, p. 617.

[87] G.W.F. Hegel, *Fede e sapere o Filosofia della Riflessione della soggettività nell'integralità delle sue forme come filosofia di Kant, di Jacobi e di Fichte,* in *Primi scritti critici* p.137-164. Qui Hegel analizza gli aspetti negativi e positivi della filosofia di Kant, dove l'idea di Dio, "l'idea più alta" viene posta "come un postulato che avrebbe una soggettività necessaria, ma non quell'assoluta oggettività richiesta per cominciare la filosofia a partire da quest'unica idea (invece di finire con essa nella fede) e per riconoscerla come il solo ed unico contenuto della filosofia stessa". *Ivi,* p.137.

[88] G.W.F. Hegel, *Differenza fra il sistema filosofico di Fiche e di Schelling,* in *Primi scritti critici*, p. 17.

si caratterizza appunto perciò come innalzamento da vita finita a infinita, a religione"[89].

3.2 Hegel e Cristo

Sin dai suoi scritti teologici giovanili perciò, Hegel cerca di trovare una risposta a questo profondo anelito di riconciliazione e unità, che solo la figura di Cristo riesce a colmare perché *solo Cristo,* nella sua dimensione teandrica umano-divina, realizza l'unità degli opposti cioè *compone in unità l'infinito di Dio e il finito dell'uomo, il Logos di Dio e il pensiero dell'uomo.*

Per esempio, quando commenta nei suoi scritti giovanili l'unità dell'uno-molti, in Matteo 18,20, dove si dà la presenza di Cristo nel 'dove due o più sono riuniti nel suo nome', Hegel delinea questa unità come "un'unità di voi due o tre è nell'armonia del tutto, è un suono in accordo con questa ed è apportato da questa, ed è in quanto è in essa, è un che di divino. Con questa comunanza con il divino essi, che sono uno, sono al contempo in comunanza con Gesù"[90].

Il punto di partenza della riflessione hegeliana è quindi la profonda ricerca di *unità degli opposti.* Questa unità deve manifestarsi come una riconciliazione globale tra Dio e l'uomo.

Ma cosa significa concretamente? Se andiamo, per esempio, ad analizzare la dicotomia degli opposti ragione-fede, la fede, secondo Hegel, deve esprimersi come una fede aperta alla ragione, nel senso che

[89] G.W.F. Hegel, *Frammento sistematico,* in *I principi,* La Nuova Italia, p. 31. "Nel considerare la religione, si tratta di stabilire se il vero, l'idea sia conosciuta solo nella sua separazione oppure nella sua vera unità: Anzitutto nella sua separazione: qualora Dio, nella sua qualità astratta di ente supremo, signore del cielo e della terra, se ne stia lassù, nell'aldilà, e da lui sia esclusa la realtà umana. Oppure nella sua unità: Dio come unità di universalità e individualità, qualora in Dio sia concepita in maniera positiva anche l'individuo, *nell'idea che Dio si è fatto uomo*". G.W.F. Hegel, *Lezioni sulla filosofia della storia,* Laterza, Bari 2003, p. 45.

[90] G.W.F. Hegel, *Scritti teologici giovanili*, a cura di N. Vaccaro-E. Mirri, Guida, Napoli 1972, p. 429.

la fede non può presentarsi alla ragione chiusa in se stessa, perché solo in tale disposizione la fede diventa accessibile alla ragione, che così la può comprendere in 'pensieri, concetti, parole' e porla in unità con la ragione stessa[91]. Vi deve essere unità, secondo Hegel, tra sentimento e ragione astratta in quanto, non solo la ragione astratta dell'uomo, deve essere interpretata alla luce dell'idea di Dio, ma anche il suo cuore, tutto il suo corpo in modo che l'uomo possa adorarlo[92].

Perciò non vi può essere scissione tra la realtà del corpo e la realtà dello spirito dell'uomo, tra ciò che l'uomo pensa e la sua vita concreta perché tutta la vita dell'uomo deve essere in unità con la vita di Dio. Allora la *vita d'unità tra Dio e l'uomo non è che l'unione degli opposti* perché "la vita è l'unione dell'unione e della non-unione"[93].

L'ardente aspirazione di Hegel è quella di trascendere le divisioni che Kant aveva posto per arrivare ad una maggiore ricomposizione che metta in unità "i contrasti che si presentano e che sono di volta in volta configurati come spirito e mondo, anima e corpo, io e natura ecc."[94].

E' proprio nella figura di Cristo, come si diceva, che Hegel trova la risposta al suo struggente anelito d'unità.

Chi meglio di Gesù Cristo può mettere in unità realtà tra loro opposte, essendo Cristo, l'uomo-Dio?

Cristo unifica l'infinito di Dio e la finitudine dell'uomo, il Verbo di Dio e il pensiero umano, la vita umana e l'intelletto divino, la fede e la

---

[91] Perché così si può vedere "la fede, che si sottrae all'oggettività della conoscenza, oggettivarsi in pensieri, concetti e parole". G.W.F. Hegel, *Fede e sapere o Filosofia della Riflessione della soggettività nell'integralità delle sue forme come filosofia di Kant, di Jacobi e di Fichte,* in *Primi scritti critici,* p.125.

[92] L'uomo può quindi così giungere ad adorare Dio anche "se l'uomo, essendo egli stesso un limitato, pone la vita infinita come spirito dell'intiero parimenti fuori di sé, - poiché è egli stesso un limitato – e se parimenti si pone fuori di sé, fuori del limitato, elevandosi fino al vivente e congiungendosi intimamente con lui, allora egli adora Dio". G.W.F. Hegel, *Frammento sistematico,* in *I principi,* La Nuova Italia, p. 30.

[93] *Ivi.*

[94] G.W.F. Hegel, *Fede e sapere o Filosofia della Riflessione della soggettività nell'integralità delle sue forme come filosofia di Kant, di Jacobi e di Fichte,* in *Primi scritti critici*, pp. 137-138.

ragione umana, il corpo dell'uomo e lo spirito di Dio "e questo perché Cristo non è solo uomo singolo, «uomo immediato» ma «figlio di Dio», «uomo-Dio»[95]. Cristo corrisponde all'unità degli opposti: è l'unico e assoluto mediatore tra l'essere di Dio e l'essere dell'uomo perché "la natura umana viene assolutamente separata dal divino, se non le viene lasciata – fuorché *Un*[96] individuo - mediazione alcuna"[97].

Lo strumento di mediazione degli opposti[98] è quindi la persona di Cristo. In tal modo *la filosofia cristologica di Hegel diventa lo sfondo regolativo e paradigmatico di tutto il suo pensare filosofico a livello teoretico-pratico e a livello storico-sociale* in quanto "Cristo può diventare il centro della riflessione, proponendosi come il mediatore delle più profonde opposizioni"[99].

3.3 Hegel e l'amore in Cristo

Assumendo, quale principio ermeneutico la figura di Cristo, Hegel contemporaneamente assume l'amore[100] come criterio di unificazione

95 F. Biasutti, *Assolutezza e Soggettività. L'idea di religione in Hegel,* p. 147. Perché "nella religione cristiana Dio si è rivelato, ossia ha fatto conoscere all'uomo che cosa Dio è, in modo da non essere più qualcosa di tenuto sotto chiave, segreto; ora, con la possibilità di conoscere Dio ci è fatto dovere di conoscerlo. Dio non vuole avere fra i suoi figli animi angusti e teste vuote, bensì vuole che il loro spirito, povero di suo, sia invece ricco della conoscenza di Lui e che gli uomini ripongano ogni valore solo in questa conoscenza". G.W.F. Hegel, *Lezioni sulla filosofia della storia,* Laterza, Bari 2003, pp. 14-15.

96 "Su un punto decisivo Hegel rimane vicino alla tradizione, e precisamente nella tesi che l'unità della natura umana e divina e, quindi la suprema apparizione del divino, non si realizzi nell'umanità intera, bensì in un *singolo* individuo". P. De Vitiis, *Joachim Ritter e la Menschwerdung nell'hegelismo teologico,* Cedam, Padova 1999, p. 657. "Non solo l'apparizione avviene in un singolo individuo, ma accade anche in modo *unico*, non è ripetibile: «Dio come spirito, però, contiene in lui il momento della soggettività, dell'unicità; la sua apparizione può essere quindi anche solo un'unica, può accadere solo una volta»". G.W.F. Hegel, *Vorlesungen über die Philosophie der Religion,* cit. in *Ivi*, p.658.

97 G.W.F. Hegel, *La positività della religione cristiana,* in *I principi,* La Nuova Italia, p. 15.

98 "L'essenza infinita nella incommensurabilità dello spazio è poi ugualmente in uno spazio determinato". G.W.F. Hegel, *Frammento sistematico,* in *I principi,* La Nuova Italia, p.33.

99 *Ivi*, p. 145.

100 "L'amore esclude ogni opposizione: esso non è intelletto [...] l'amore non è ragione [...] l'amore non è niente di limitante [...] l'amore è un sentimento, ma non un sentimento singolo. Dal sentimento singolo [...] la vita [...] si spinge [...] per trovare sé in questo intiero della molteplicità; nell'amore si trova la vita [...] e

degli opposti, la vera energia che riesce a fare l'unità di ogni cosa perché «l'amore si sforza [...] di unificare quel che è mortale, di renderlo immortale»[101].

Hegel inizialmente però considera l'amore solo quello che viene a crearsi tra gli amanti che è «un prendere e un dare reciproco» in quanto «colui che prende non si trova con ciò più ricco dell'altro: si arricchisce, certo, ma altrettanto fa l'altro; parimenti quello che non dà non diviene più povero: nel dare all'altro egli ha anzi aumentato i suoi tesori»[102].

Poi lo vede come l'autentica realtà che può stabilire l'unità in tutte le relazioni e aspetti del mondo. *L'amore e solo l'amore può realizzare l'unità in tutto l'universo in senso oggettivo*, nel significato che solo l'amore può generare l'unità tra Dio e l'uomo che sono oggettivamente tra loro completamente diversi. L'amore realizza l'unità del molteplice nell'uno cioè come forma dello Spirito perché l'amore si oggettiva nella figura del Cristo, come Spirito nella storia, il «terzo elemento» che unifica i soggetti separati[103].

---

la vita trova se stessa senza ulteriore difetto". G.W.F. Hegel, *L'amore, la corporeità e la proprietà,* in *I principi,* La Nuova Italia, pp.18-19.

[101] G.W.F. Hegel, *Scritti teologici giovanili*, p. 531.

[102] *Ivi*, p.531. L'amore degli amanti porta con sé due limiti obiettivi: il primo è la corporeità nella prospettiva della mortalità per l'individualità e che si pone come pudore soggettivo: "Il pudore subentra solo come il ricordo del corpo, con la presenza personale, col sentire l'individualità: esso non è paura "per"ciò che è mortale, che è solo proprio, ma è paura "del" mortale, del proprio, paura che svanisce via via che il sensibile è ridotto sempre a meno dell'amore. L'amore è infatti più forte della paura" (*Ivi*. pp. 530-531); il secondo limite è determinato dal figlio, terzo fra i due, che è nello stesso tempo frutto dell'unificazione cioè "gli unificati si separano di nuovo, ma nel figlio l'unificazione stessa è divenuta inseparata (*Ivi,* p. 531) e espressione di una separatezza ritrovata in quanto "il germe si dà sempre più all'opposizione ed incomincia a svilupparsi; ogni grado del suo sviluppo è una separazione per riguadagnare l'intera ricchezza della vita" (*Ivi*, p.531) in P. Coda, *La presenza di Cristo fra i suoi e la dialettica hegeliana dell'intersoggettività,* in *Nuova Umanità,* 50 (1987) pp. 11-37.

[103] "La vita infinita può essere chiamata Spirito, in opposizione alla pluralità astratta, perché lo Spirito è l'unità vivente del molteplice stesso inteso come forma dello Spirito". G.W.F. Hegel, *Scritti teologici giovanili*, p. 475. "Così per noi è già presente il concetto dello spirito. Quel che per la coscienza si viene istituendo, è l'esperienza di ciò che lo spirito è, questa sostanza assoluta la quale, nella perfetta libertà e indipendenza della propria opposizione, ossia di autocoscienze diverse per sé essenti, costituisce l'unità loro: *Io che è Noi, e Noi che è Io*. Soltanto nell'autocoscienza come concetto dello spirito, la coscienza raggiunge il suo punto di volta" [perché] "l'autocoscienza raggiunge il suo appagamento solo in un'altra autocoscienza". G.W.F. Hegel, *Fenomenologia dello Spirito, I,* E. De Negri (a cura di,La Nuova Italia,

3.4 Hegel e la Menschwerdung di Dio in Cristo

Questa idea filosofica su Cristo come amore che si oggettiva in quanto Spirito nella storia differisce dal significato che la teologia cristiana intende. Come primo dato della sua filosofia cristologica dobbiamo rilevare che Hegel legge e nello stesso tempo trasforma il senso dell'incarnazione del Logos di Dio in Cristo cioè quel "Quei che il più vasto ciel non circoscrisse. Or riposa nel seno di Maria"[104].

Il prologo in cui l'evangelista Giovanni dice che *il Verbo di Dio si è fatto carne* (Gv.1,14), Hegel lo traduce con il termine Menschwerdung e, stando all'etimologia della parola *Menschwerdung (Mensch=uomo e werden=divenire), si sofferma in modo particolare sul secondo termine, sul werden cioè sull'idea del divenire*[105].

Hegel coglie nella dinamica della Menschwerdung l'essere di Dio che come puro Spirito diviene uomo, nel senso che si trasfigura nell'uomo perché si nega, annullandosi[106].

Nel termine werden è intrinseca l'idea di sviluppo: una cosa si sviluppa nell'altra nel fatto che diviene un'altra; quindi l'autentico e finale compimento della Menschwerdung di Dio come puro Spirito non può essere che l'uomo perché "l'impostazione trascendentale di Hegel porta ad unificare l'aspetto empirico con quello universale, la dimensione

Firenze 1973, pp.151-152.

[104] G.W.F. Hegel, *Frammento sistematico,* in *I principi,* La Nuova Italia, p.33.

[105] "Il mistero del farsi uomo, concettualizzato sempre più dalla teologia luterana, si presenta ad Hegel come il problema del fieri o divenire (werden) dello spirito. Lo hegelismo, poi, ha inteso il werden come sviluppo, non senza una deformazione evoluzionistico-positivistica, e lo ha così rescisso dalla fonte teologica." E. De Negri, *Introduzione. Teologia e storicismo,* in G.W.F. Hegel, *I principi,* La Nuova Italia, Firenze 1974, p. xii. "Egli è il filosofo dell'«essere che diviene», come Aristotele era stato il filosofo dell'«essere che è». P. Foresi, *La filosofia e Dio*, p. 616.

[106] L. Bignami, *Sulla teoria hegeliana dello Spirito assoluto,* in Verifiche 2-3 (1985), pp. 257-295.

storica con quella ideale [...] proprio nella *Menschwerdung* si realizza l'unità della certezza immediata e dell'universalità del concetto"[107].

La conseguenza di tale filosofia cristologica è che, dal momento dell'incarnazione del Logos di Dio in Cristo, *tutto l'evolversi dell'uomo avvenuto nella storia è lo stesso sviluppo nella storia del Logos di Dio.* "La storia mondiale sia proprio codesta evoluzione e il divenire reale dello spirito, ebbene questa è la vera *teodicea*, la giustificazione di Dio nella storia: Soltanto *questa* cognizione può conciliare lo spirito con la storia mondiale e con la realtà, il vedere che quanto è accaduto e accade tutti i giorni non è senza Dio, ma è in essenza l'opera di Dio stesso"[108].

La questione cristologica perciò in Hegel non assume semplicemente un carattere strettamente di natura filosofico-religiosa ma si sviluppa nello stesso tempo in senso storico-antropologico:"Il problema della *Menschwerdung* è di capitale importanza in Hegel, non solo relativamente alla filosofia della religione in sé, ma anche per la sua concezione generale del mondo storico: l'incarnazione di Dio è così simbolo di quel processo, concettuale e storico insieme, all'interno del quale la sostanza giunge ad innalzarsi a soggetto.

Con ciò il tema della *conciliazione in Hegel* viene sottolineato in tutta la sua centralità, ma il senso profondo di tale conciliazione può essere inteso tenendo presente che la dialettica religiosa dell'uomo-Dio viene sussunta in un contesto che non è più, o perlomeno non soltanto quello

---

[107] P. De Vitiis, *Joachim Ritter e la Menschwerdung nell'hegelismo teologico*, Cedam, Padova 1999, p. 659, nota 43. «Con questa certezza, con questa intuizione si ha a che fare, non con un maestro divino, senz'altro non solo della morale, ma nemmeno maestro di questa idea, egualmente non con una rappresentazione o convinzione, bensì con questa certezza immediata e presenza della divinità. Infatti la certezza immediata della presenza è la forma infinita, il modo in cui l'E' è per la coscienza naturale. Ad ogni mediazione mediante sentimenti, rappresentazioni, ragioni, manca questo E', che ritorna solo nel conoscere filosofico mediante il concetto nell'elemento dell'universalità e così accomuna la filosofia con la certezza immediata". G.W.F. Hegel, *Die absolute Religion*, cit. in nota 43 in P. De Vitiis, *Joachim Ritter e la Menschwerdung nell'hegelismo teologico*, Cedam, Padova 1999, p. 659.

[108] G.W.F. Hegel, *Lezioni sulla filosofia della storia,* Laterza, Bari 2003, p. 370.

religioso: «Più importante dell'uomo-Dio" è "l'unità di umano e divino (*Gottmenschlichkeit)*" dell'uomo in generale [...] Gesù è la rivelazione di quell'umanità e divinità insieme che è la natura vera nascosta di ogni singolo uomo". Sotto questo profilo «l'intero pensiero hegeliano [...] tende a dissolvere, facendo leva sul concetto di Spirito, nei molti *l'unico* mediatore umano-divino»"[109].

Che cosa rappresenta perciò Cristo? *Cristo è il fondamento primario e l'inizio storico del divenire di Dio-puro Spirito come uomo.* "Cristo infatti costituisce in sé l'identità di questa umanità individuale e singolare con Dio"[110]. Contemporaneamente Gesù Cristo, che è la persona storica in cui Dio-puro-Spirito si è annullato per divenire uomo, mediante la sua morte[111], ha offerto a tutti gli uomini la condivisione della dinamica della Menschwerdung, affinché il divenire uomo da parte di Dio si realizzi.

Pertanto nella filosofia cristologica hegeliana Cristo muore, ma facendo così si sviluppa nell'uomo cioè in tutta la storia dell'umanità perché la persona del Logos di Dio in Cristo si è negata proprio per compiere questo passaggio nella storia dell'uomo dello Spirito stesso[112].

---

[109] F. Biasutti, *Assolutezza e Soggettività. L'idea di religione in Hegel*, Verifiche, Trento 1979, pp.22-23.

[110] S. Zucal, *L'ambiguità prometeica dell'«escatologia» hegeliana nell'interpretazione teologica di Hans Urs von Balthasar,* in Verifiche 2-3 (1985), p.238.

[111] Perché "«Gesù era cosciente della necessità della disfatta del suo individuo» e per questo nell'atto stesso in cui si faceva strada in lui l'annuncio di «un'altra regione della vita», «Gesù dovette tramontare». La sua grandezza consiste dunque nella necessità del suo tramonto: l'amore dell'uomo, che infrange i limiti di ogni destino, divenne il suo destino funesto: così egli doveva vivere e insieme non più vivere, per amore dell'uomo". F. Menegoni, *Moralità e morale in Hegel*, Liviana, Padova 1982, pp. 67-68.

[112] "Il problema del fieri o werden, si specifica nell'interpretazione del mediatore e del modo della mediazione. Proseguendo anche per questo lato una tendenza protestante, Hegel ha considerato erroneo l'attribuire il potere della mediazione alla sola persona di un uomo-Dio, e ha dissolto il Cristo in un concetto attuatesi, in modo sempre più adeguato, attraverso un processo continuo del quale partecipa l'intero genere umano, e che conduce alla presenzialità o – con parola molto meno hegeliana – immanenza dello spirito verso se stesso". E. De Negri, *Introduzione. Teologia e storicismo,* in G.W.F. Hegel, *I principi,* La Nuova Italia, Firenze 1974, p.xx.

L'uomo, che è un essere determinato dalla sua finitudine e dai suoi limiti[113], grazie alla Menschwerdung del Verbo nella storia, è chiamato a oltrepassare le sue imperfezioni e i suoi condizionamenti per entrare nella vita dell'intero, del Tutto di Dio che per Hegel coincide con la vita della Trinità[114]: «lo Spirito di Dio è ora in lei (la creatura), ed essa supera le sue limitazioni, supera le sue modificazioni, e ripristina in sé l'intero: Dio, il Figlio, lo Spirito Santo»[115]. Infatti "Dio è conosciuto come *Spirito* in quanto è saputo come trino"[116].

Tenendo presente tutto questo, cosa diventa allora la storia dell'umanità? La storia dell'umanità corrisponde all'effettiva storia della Trinità. *Tutta la storia dell'umanità,* non un singolo uomo o popolo o periodo storico, cioè la storia dell'umanità intesa in senso globale, totale *diventa trinitaria* perché la dinamica della Menschwerdung che avviene con l'incarnazione del Logos in Cristo, comunica il Tutto di Dio, la Trinità nell'umanità tutta[117].

Se tutta la storia dell'umanità rappresenta la vera storia dell'incarnazione del Dio trinitario significa parimenti che la Chiesa

---

[113] "L'uomo, considerato in se stesso, costituisce un fine solo in virtù della natura divina che è in lui, ossia di ciò che abbiamo chiamato fin dall'inizio ragione e anche libertà, in quanto la ragione è attiva e decide di sé". G.W.F. Hegel, *Lezioni sulla filosofia della storia,* Laterza, Bari 2003, p. 31.

[114] "Hegel ha fondato le radici della sua filosofia nella Trinità, nelle relazioni immanenti che sono nell'Essere divino. E partendo da questi presupposti ha cercato di vederne i riflessi in una dialettica per antitesi e sintesi. E poiché anch'egli era partito da Dio, non poteva non dirci qualcosa di profondo e di grande, anche se identificando il piano della natura con quello di Dio, è giunto poi ad una filosofia che avrebbe svuotato Dio dal suo contenuto portandoci al materialismo dialettico come conseguenza logica". P. Foresi, *La filosofia e Dio*, 617.

[115] G.W.F. Hegel, *Scritti teologici giovanili*. p. 531.

[116] G.W.F. Hegel, *Lezioni sulla filosofia della storia,* Laterza, Bari 2003, p. 265.

[117] "Quando diciamo che lo spirito è la riflessione interiore assoluta attraverso l'assoluta distinzione di se stesso, è l'amore come sentimento, il sapere come spirito, ciò vuol dire che lo spirito è concepito come trino: il Padre, il Figlio e la loro differenza, concepita nella sua unità come spirito. Inoltre dobbiamo notare che tale verità contiene la relazione dell'uomo alla verità stessa". G.W.F. Hegel, *Lezioni sulla filosofia della storia,* Laterza, Bari 2003, p. 269. Secondo tale orizzonte Trinità e intersoggettività si pongono nel dato "che l'ispirazione trinitaria stia al cuore del sistema hegeliano, e plasmi profondamente sia la sua dottrina dell'Assoluto che quella della socialità umana". P. Coda, *Hegel e la teologia oggi*, in 49 (Nuova Umanità) 1987, pp. 119-120.

corrisponde , in realtà, a tutta l'umanità perché in essa il Logos del Dio-Padre si compie, sviluppandosi, come Spirito. E "così il regno spirituale si è determinato come regno ecclesiastico, come rapporto della sostanza con la libertà umana"[118].

Cos'è dunque la Menschwerdung[119] *in Hegel?* E' il punto d'inizio in Cristo di questa incredibile storia dell'umanità; è il luogo di partenza della trasmutazione del Dio trinitario e proprio in questo senso Benedetto Croce poteva affermare che 'non possiamo non dirci cristiani'.

Nella figura di *Cristo* Hegel vede il vero e unico mediatore tra Dio-Padre e gli uomini, "*il mediatore delle più profonde opposizioni*"[120]. Il Logos di Dio, incarnatosi in Cristo per la Menschwerdung, dopo la morte di Cristo, permane nella vita dell'umanità come vita nello Spirito in quanto "nell'eternarsi di Cristo sono poi tutti resi eterni. Quell''unico' è così 'tutti' e quell'unica volta sta per tutte le volte"[121]. Possiamo allora affermare che per Hegel *Cristo deve assolutamente morire*. Anzi, la morte del Cristo è necessaria per Hegel: è una morte assolutamente indispensabile e necessaria perché mediante la negatività della sua singola morte, il Verbo di Dio può costituirsi nell'umanità intera e perciò può compiersi come Spirito nella totalità della storia. "La morte dell'Uomo divino è, come tale, la negatività astratta, il risultato immediato del movimento che si compie soltanto nell'universalità

[118] G.W.F. Hegel, *Lezioni sulla filosofia della storia,* Laterza, Bari 2003, p. 276. La Chiesa "è la più alta figura della struttura sociale dell'umanità [...] entro l'unità dello spirito divino in Cristo". S. Zucal, *L'ambiguità prometeica dell'«escatologia» hegeliana nell'interpretazione teologica di Hans Urs von Balthasar,* p.253.

[119] "L'identità di Dio e del soggetto venne al mondo, *quando i tempi furono maturi*: la coscienza di questa identità è la conoscenza di Dio nella sua verità. Il contenuto della verità è *lo spirito* stesso, il movimento interiore vivente. La natura di Dio, di essere puro spirito, *si rivela* all'uomo *nella religione cristiana*". G.W.F. Hegel, *Lezioni sulla filosofia della storia,* Laterza, Bari 2003, p. 269.

[120] F. Biasutti, *Assolutezza e Soggettività. L'idea di religione in Hegel*, p. 145.

[121] S.Zucal, *L'ambiguità prometeica dell'«escatologia» hegeliana nell'interpretazione teologica di Hans Urs von Balthasar,* p.239.

naturale. Quella morte perde un simile significato naturale nell'autocoscienza spirituale, ossia diviene il suo concetto testé ricordato"[122], così "la storia mondiale rappresenta lo sviluppo della coscienza che lo Spirito ha della propria libertà e lo sviluppo della realizzazione promossa da tale coscienza"[123].

Da tutto ciò possiamo ora capire da dove nasce in Hegel *il concetto di dialettica*. La dialettica non è altro che il punto di sintesi che pone in unità, grazie alla dinamica della Menschwerdung, due poli opposti come l'infinito di Dio e il finito dell'uomo. E' un costante processo di superamento del finito del singolo uomo che si realizza quale infinito di Dio per opera dello Spirito[124]. E' logico quindi che la realizzazione di questo processo implichi *un continuo annullamento e morte del singolo*, iniziando da Cristo stesso, cosicché tutta la storia dell'umanità possa compiersi nello Spirito di Dio come storia: "La morte, da ciò ch'essa immediatamente significa, dal non essere di questo singolo, viene illuminata a universalità dello spirito vivente nella sua comunità e in essa ogni giorno morente e risorgente"[125] affinché *la storia di Dio, la 'Geschichte Gottes', diventi la storia dell'uomo.*

Una conseguenza allora della filosofia cristologica hegeliana è che la storia dell'umanità è giocoforza una storia dialettica nel senso che, dal momento dell'incarnazione del Logos di Dio in Cristo a causa della Menschwerdung, tutta la sua evoluzione storica è determinata da processi di negazione e morte in funzione del suo maggior compimento.

---

[122] G.W.F. Hegel, *Fenomenologia dello spirito II,* La Nuova Italia, Firenze 1973, p.281.

[123] G.W.F. Hegel, *Lezioni sulla filosofia della storia,* Laterza, Bari 2003, p. 57.

[124] "L'esser-per-sé è piuttosto la perdita di se stesso, e l'estraneazione di sé è piuttosto l'autoconservazione [...] il vero spirito è appunto questa unità degli assolutamente separati; e, precisamente, mediante la libera effettualità di questi estremi più di sé, giunge anch'esso, come loro medio, all'esistenza". *Ivi*, p.72.

[125] G.W.F. Hegel, *Ivi*. "L'incarnazione, di cui sarebbe ingiusto sospettare la veridicità, è prolettica, ma senza di essa non ci sarebbe morte. La morte è un momento necessario. Perché Dio incarnato - come quest'uomo qui, ecceità sensibile - sia la piena manifestazione dello Spirito, gli manca di morire, di scomparire" X. Tilliette,*La Settimana Santa dei filosofi,* Morcelliana, Brescia 1992, p.73.

Infatti "solo dopo la morte di Cristo lo spirito potè venire sui suoi amici, solo a quel punto essi poterono afferrare la vera idea di Dio, vale a dire che l'uomo si è redento e conciliato in Cristo. In Cristo, infatti, viene conosciuto il concetto dell'eterna verità, ossia che l'essenza dell'uomo è lo spirito, e l'uomo raggiunge la verità solo spogliandosi della sua finitezza e abbandonandosi alla pura coscienza di sé [...]. Il seguito è che questo principio si è sviluppato, l'intera storia successiva è la storia del suo sviluppo"[126]. Cristo è l'artefice di questa continua dinamica redentiva del negativo, di questo movimento dialettico che pone in unità gli opposti e che trascende in modo illimitato la negatività nella sua più alta positività di conciliazione e pace. "Cristo è apparso, un uomo è Dio, Dio è uomo; così sono venute al mondo conciliazione e pace"[127].

Cristo perciò *è colui che esercita in modo assoluto la mediazione e l'idea di mediazione*[128] *in Hegel si situa a fondamento di tutta la sua filosofia cristologica.* Questa mediazione in Cristo corrisponde in modo perfetto al divenire presente nel concetto del werden della menschwerdung. Consiste nel fatto che il divenire è la stessa vita, è lo stesso essere profondo del Verbo di Dio che diviene uomo in Cristo. Il Logos di Dio si rivela allora come lo stesso divenire storico di Dio in Cristo, cioè la storicità, dove "la storia mondiale mostra soltanto come lo spirito perviene, a poco a poco, ad avere coscienza della verità e a volerla; nello spirito si fa giorno, esso trova dei punti fermi, alla fine giunge alla coscienza completa"[129].

---

[126] G.W.F. Hegel, *Lezioni sulla filosofia della storia,* Laterza, Bari 2003, p. 272.

[127] G.W.F. Hegel, *Lezioni sulla filosofia della storia,* Laterza, Bari 2003, p. 270.

[128] "La mediazione non è altro che la moventesi eguaglianza con sé o la riflessione in se stesso, il momento dell'Io che è per sé, la negatività pura o abbassata alla sua pura atrazione, il semplice divenire" G.W.F. Hegel, *Fenomenologia dello Spirito I*, La Nuova Italia, Firenze 1973, p. 16. Mediazione in funzione dell'unità in Cristo in quanto "il rapporto mediatore è quello nel quale i due membri non sono *unum atque idem*, ma sono l'un per l'altro un Altro e unità solo in un terzo". G.W.F. Hegel, *Fenomenologia dello Spirito II*, La Nuova Italia, Firenze 1973, p. 182.

[129] G.W.F. Hegel, *Lezioni sulla filosofia della storia,* Laterza, Bari 2003, p. 48.

L'essere quindi coinvolti in questa storia che diviene in Cristo, entrare in questa dinamica storica-cristologica significa entrare nell'essere vitale di Cristo perché *la storia non è che Cristo, il Logos di Dio divenuto uomo nella storia.* Tutta la storia è perciò storia cristologica nella storia eterna dello Spirito di Dio: "Cristo, l'uomo in quanto tale, colui nel quale è apparsa l'unità di Dio e dell'uomo, ha illustrato nella sua morte, nella sua storia in genere, la stessa storia eterna dello spirito – una storia che ogni uomo ha da compiere in lui stesso, per esistere in qualità di spirito e divenire figlio di Dio, cittadino del suo regno"[130].
L'impostazione filosofico-cristologica hegeliana del *senso della storia* ha avuto grandi ripercussioni non solo a livello teoretico e di pensiero ma anche sul versante storico, politico, sociale. La stessa teologia cristiana è stata chiamata a rispondere alle richieste che provenivano dalla filosofia cristologica hegeliana, a confrontarsi con l'idea filosofica di Cristo, presentata da Hegel.

3.5 La teologia cristiana e la filosofia cristologica hegeliana

Certamente la figura di Cristo in Hegel non combacia con il dato teologico-dommatico però il Cristo hegeliano ha impegnato e impegna ancora oggi la teologia cristiana a riflettere con più acume intorno al significato dell'incarnazione del Logos di Dio in Cristo, a specificare sempre meglio il significato del mistero teandrico di Cristo.
Posso qui ricordare alcuni saggi di *K.Rahner* circa la cristologia[131] nei quali "pur rispettando la centralità del dogma di Calcedonia, il noto

---

[130] *Ivi*, pp. 272-273.
[131] K. Rahner, *Saggi di cristologia e di mariologia,* Roma 1972, pp.3-92 e 93-122.

teologo cattolico ha fatto notare, ispirandosi alla suggestione hegeliana, che occorre far uso delle nozioni bibliche di *ghénesis* (cf. Gv 1,14) e di *kènosis* (cf. Fil 2,7) se si vuole comprendere più a fondo l'inaudita novità del volto di Dio che Cristo ci rivela nell'Incarnazione"[132]. Anche *H.Kung*, famoso teologo cattolico[133], nella suo libro sull'incarnazione di Dio in riferimento alla Menschwerdung Gottes[134] sostiene che "l'Incarnazione – rivelando la possibilità reale di una storicità di Dio – deve spingere la teologia cristiana – sulla scorta della riflessione hegeliana – a rivedere l'assioma indiscusso dell'immutabilità, dell'impassibilità di Dio, ereditato dal pensiero greco: in effetti il «movimento», alla luce del mistero dell'Incarnazione, appare come una caratteristica del Dio cristiano almeno altrettanto fondamentale che l'immutabilità"[135]. Sulla riflessione circa l'incarnazione di Cristo e la sua rivelazione nella storia, è da sottolineare nell'ambito della teologia evangelica, l'opera di *W.Pannenberg*, provocata dalla filosofia cristologica hegeliana, dove il concetto di rivelazione si pone come "il *primato* dell'accadimento storico sulla parola"[136], dove "l'essenza di Dio, sebbene sia la stessa di eternità in eternità, ha nel tempo una

---

[132] P. Coda, *Hegel e la teologia oggi,* p. 116.

[133] Dobbiamo però ricordare che nel 1979, la Congregazione della dottrina della fede gli annullò l'autorizzazione all'insegnamento della dottrina cattolica cioè la missio canonica.

[134] H. Kung, *Incarnazione di Dio. Introduzione al pensiero teologico di Hegel. Prolegomeni ad una futura cristologia,* Queriniana, Brescia 1972.

[135] P. Coda, *Hegel e la teologia oggi,* p. 116-117. Sul rapporto tra immutabilità e incarnazione "in alcuni saggi di argomento cristologico Rahner si richiama ad Hegel per pensare il processo dell'Incarnazione in cui Dio, rimanendo immutabile, diventa veramente se stesso in ciò che egli costituisce come diverso da sé. «Da questa asserzione risulta – scrive Rahner – che l'affermazione della "immutabilità" di Dio è in un senso vero una asserzione dialettica. Questo lo si può e lo si deve dire senza essere per questo un hegeliano. Infatti, è sicuramente vero, ed è un dogma, che il *Logos*, e lui stesso, è diventato uomo, quindi egli stesso è diventato qualcosa che *(formaliter)* non era già sempre, e che pertanto ciò che egli è così diventato proprio in quanto esso stesso e attraverso se stesso è realtà di Dio». K. Rahner, *Probleme der Cristologie von heute*, cit. P. De Vitiis, in *Joachim Ritter e la Menschwerdung nell'hegelismo teologico*, Cedam, Padova 1999, p. 656.

[136] P. De Vitiis, *Il problema della rivelazione in W. Pannenberg*, in *Filosofia della Rivelazione*, M.M. Olivetti (a cura di), Cedam, Padova 1994, p. 880.

storia"[137] e trova il suo senso culminativo nella risurrezione di Cristo colta in chiave universalistica in quanto "la fine della storia – scrive Pannenberg – è già accaduta in Gesù con la sua risuscitazione, benché essa per noi altri sia ancora mancante. Per questo – e solo sotto questo presupposto – il Dio di Israele ha mostrato la sua divinità nel destino di Gesù ed è anche ora manifesto come l'unico Dio di tutti gli uomini"[138]. Perciò, la risurrezione di Gesù si colloca nella storia come accadimento anticipatore della fine, specifica la significazione della sua morte in croce e ne rivela il suo senso in prospettiva universale; quindi "la storia singolare di Gesù si trova in tal modo rapportata alla storia universale come prolessi (anticipazione) della fine"[139]. In sintesi, tutto il sistema di pensiero di Hegel ha come suo centro focale ed ermeneutico la sua filosofia cristologica, il suo Cristo. Il Cristo di Hegel è la chiave di lettura per interpretare, non solo tutta la sua filosofia ma, l'evoluzione dello stesso pensiero filosofico dopo di lui e lo sviluppo della stessa teologia cristiana. Per questo è interessante, quasi a livello sinottico, esaminare alcuni aspetti critici della sua filosofia cristologica per cogliere meglio il mistero di Cristo secondo la prospettiva dommatica, rispettandone innanzitutto gli elementi biblici basilari.

---

[137] *Ivi*, p. 879.

[138] *Ivi*.

[139] F. Ardusso, *Alcune recenti interpretazioni della soteriologia cristiana*, in Credere Oggi 37 (1987) 1, p.73. Anche se è vero che "Pannenberg si richiama più frequentemente ad Hegel nell'indicare i propri presupposti storici", nell'opera 'l'Assoluto nella storia', W. Kasper rinviene nessi profondi tra la teologia della storia di Pannenberg e la filosofia della rivelazione di Schelling, il quale "concepisce il cristianesimo come storia" perché "il contenuto della rivelazione è in primo luogo un contenuto storico", dove "i concetti del cristianesimo come rivelazione sono possibili solo in connessione non solo con la precedente rivelazione (vetero-testamentaria), ma anche con l'evoluzione religiosa in generale, quindi particolarmente anche col paganesimo" (Filosofia della Rivelazione) perché per giungere all'autentico sapere di Dio "la coscienza dovrà passare attraverso la mitologia, che non è invenzione ma processo necessario cui essa è sottoposta, per arrivare poi a quel rapporto libero col vero Dio che è possibile solo nella rivelazione, la quale, però, presuppone il politeismo". P. De Vitiis, *Il problema della rivelazione in W. Pannenberg*, in *Filosofia della Rivelazione*, M.M. Olivetti (a cura di), Cedam, Padova 1994, pp. 003-007.

3.6 La dommatica cristiana e la filosofia cristologica hegeliana

3.6.1 Il Cristo di Hegel non è persona

Hegel nega il Cristo come persona in quanto tale, come il Logos di Dio, il Figlio unico del Padre, l'unigenito che dall'eternità è generato nel seno del Padre. La visione cristologica dommatica invece afferma: il "Figlio unigenito di Dio, generato dal Padre prima di tutti i secoli, luce da luce, Dio vero da Dio vero, generato non creato, della stessa sostanza del Padre"[140] (secondo Concilio Ecumenico Costantinopoli del 381).
Cos'è allora il Logos di Dio, che mediante la Menschwerdung si incarna in Cristo? Non è il Figlio unigenito come persona ma, per la Menschwerdung, è lo stesso annichilimento, è lo stesso annullamento del Logos di Dio nell'uomo.
Cos'è quindi Dio in se stesso? In se stesso Dio è un mero nulla che diviene, nel senso che in Hegel l'essere di Dio e il divenire di Dio coincidono. Pertanto *l'essere hegeliano è il Dio che diviene, è il divenire uomo da parte di Dio in Cristo* secondo il processo della Menschwerdung.

3.6.2 L'essere di Dio e il concetto di annullamento

L'interpretazione hegeliana di Cristo non è fondata biblicamente ma secondo un'ottica filosofica che non coincide con quella dommatica.
Perchè Hegel ha questa visione di Cristo?

---

[140] *Enchiridion Symbolorum et Definitionum et Declarationum de rebus fidei et morum* in Denzinger-Schönmetzer, (ora Denz.-Schönm.), p.150

Il Cristo di Hegel non segue l'ortodossia dommatica perché Hegel ha una concezione della Trinità, meglio dell'essere di Dio trinitario cioè della sua vita intratrinitaria, diversa da quella dommatica.

Per Hegel l'essere trinitario cioè la vita intratrinitaria tra il Padre, il Figlio e lo Spirito Santo non è che un nulla, un niente in se stesso, in quanto *il Padre, il Figlio e lo Spirito non sussistono come tali cioè non sono persone sussistenti ma il loro essere coincide con il loro stesso annullarsi vicendevole*[141].

Invece nella dommatica si parla di relazioni sussistenti tra il Padre, il Figlio e lo Spirito Santo che si donano incondizionatamente dall'eternità in modo pericoretico cioè senza annullarsi reciprocamente in quanto il loro essere come persone sussistenti permane come tale.

Sta proprio qui, nella *diversa interpretazione dell'idea di annullamento*, la causa della differenza tra la visione hegeliana e quella dommatica sull'essere di Dio intratrinitario[142].

Per la dommatica il Padre, il Figlio e lo Spirito Santo quando donano se stessi reciprocamente non perdono il loro essere come persona perché

---

[141] In tal senso allora "in Hegel il momento della negazione, del 'negativo' e della morte non è una prerogativa del 'Figlio', «ma che ogni momento dello spirito partecipa di esso. La negatività del 'Padre' è l'immobilità del puro essere, la negatività del 'Figlio' è la beata sofferenza dell'essere per sé che si smembra e si sacrifica, la negatività dello 'Spirito' è l'acutezza tagliente della negazione creatrice in generale, che mediante la separazione unisce il 'Padre' e il 'Figlio' e unendoli li separa. Così si capisce anche come nell'opera di Hegel l'idea della morte debba assumere un aspetto così fluido». Ognuna delle tre 'persone' della Trinità è «mortale» secondo Hegel, allorché l'uomo pretenda di isolarne una alla volta, di scindere l'una dall'altra, «poiché solamente nel loro risolversi reciproco esse costituiscono lo spirito uno e vivo». Così è mortale la pura universalità in sé (il 'Padre'), che nella misura in cui viene isolata costituisce la «vacuità vana dello spirito»; mortale è poi la pura e semplice particolarità (il 'Figlio'), cioè l'«auto-estraneazione dello spirito, che si scioglie solo facendo sul serio con il morire», attraversando effettualmente la dimensione della morte; mortale è infine anche l'acutezza tagliente dello spirito stesso (lo 'Spirito'), ma l'uomo non può arbitrariamente separare ed isolare ciò che nella separazione unisce e nell'unione separa, Esso è veramente ed effettualmente il «divino». S. Zucal, *L'ambiguità prometeica dell'«escatologia» hegeliana nell'interpretazione teologica di Hans Urs von Balthasar,* o.c., p.222.

[142] "Ora, se è vero che Hegel ha almeno parzialmente intuito la dimensione kenotica della persona divina come quella che ne spiega l'intrinseca relazionalità con le Altre, restano però oltremodo problematici nel suo pensiero altri due fondamentali elementi: 1) la reale distinzione delle Persone – *kenosi* della Persona non è per Hegel alienazione senza residui nell'alterità?; 2) e quindi la reale trinitarietà dell'unico Essere divino". P. Coda, *Hegel e la teologia oggi,* p. 123.

"il Figlio non è il Padre, il Padre non è il Figlio e lo Spirito Santo non è il Padre o il Figlio"[143] ma, nello stesso momento, "il Padre è tutto nel Figlio, tutto nello Spirito Santo; il Figlio tutto nel Padre, tutto nello Spirito Santo; lo Spirito Santo è tutto nel Padre, tutto nel Figlio"[144].

La loro natura, il loro essere trinitario mediante la dinamica pericoretica viene piuttosto salvaguardato, anzi è proprio questo processo intratrinitario, questo eterno donarsi-perdersi-ritrovarsi che determina proprio il loro essere trinitario in quanto comunione-unità di persone.

Il Concilio di Firenze del 1439 dice: "Lo Spirito Santo ha la sua essenza e il suo essere sussistente ad un tempo dal Padre e dal Figlio e [...] procede eternamente dall'Uno e dall'Altro come da un solo Principio e per una sola spirazione [...] E poiché tutto quello che è dal Padre, lo stesso Padre lo ha donato al suo unico Figlio generandolo, ad eccezione del suo essere Padre, anche questo procedere dello Spirito Santo a partire dal Figlio lo riceve dall'eternità dal suo Padre che ha generato il Figlio stesso"[145].

Per Hegel, invece, questo processo intranitario non è altro che un annullarsi l'uno nell'altro cioè il Padre nel Figlio e il Figlio nello Spirito secondo l'"orizzonte dell'unica soggettività autoevolventesi"[146].

Hegel non può concepire l'essenza dell'essere di Dio come amore, come viene rivelato dal Vangelo e dalle lettere di Giovanni.

L'essere trinitario del Dio hegeliano si annulla reciprocamente in quanto non si dà come amore, non è l'amore. Perciò l'essenza della vita intratrinitaria di Dio non può darsi come libertà ma come un bisogno, un

143 Concilio di Toledo XI del 675, Denz.-Schönm., p.530.

144 Concilio di Firenze del 1442, Denz.-Schönm., p.1330.

145 Concilio di Firenze del 1439, Denz.-Schönm., pp.1300-1301.

146 P. Coda, *Hegel e la teologia oggi,* p. 122. Allora "centrale per quanto riguarda la dottrina della Trinità, la nozione di persona è al cuore del confronto teologico con la teoria hegeliana dell'intersoggettività". *Ivi*, p.123.

obbligo secondo una dinamica dialettica. Come le realtà create devono obbedire alla legge della dialettica, così lo stesso *essere di Dio non può essere libero ma è governato da una necessità dialettica* e ciò avviene perché la realtà più profonda si pone come un "rapporto rigorosamente necessario con cui la dialettica connette i propri oggetti, che ha come risultato ultimo la negazione della libertà divina"[147].

Per questo la teologia dommatica, sollecitata dalla filosofia cristologica di Hegel, è chiamata a sviluppare una più acuta dottrina ontologica di Dio come amore e una più penetrante filosofia del nulla "che la stessa rivelazione cristiana sembra mostrare come «interiore» all'essere, se esso è inteso e vissuto come amore, come dono"[148].

3.6.3 Hegel e l'essenza sopraessenziale

Viene spontaneo chiedersi perché Hegel abbia la concezione dell'essere di Dio come un movimento di annullamento reciproco che viene sottoposto alla legge dell'obbligatorietà dialettica intratrinitaria.

L'interpretazione dell'essere trinitario in Hegel trova origine nel pensiero di alcuni autori della mistica tedesca, specialmente Eckart e Böhme[149].

---

[147] F. Biasutti, *Assolutezza e Soggettività. L'idea di religione in Hegel,* p. 26.

[148] P. Coda, *Hegel e la teologia oggi,* p. 121.

[149] Schelling, commentando il rapporto tra Böhme e Hegel, rinviene una concordanza sostanziale circa "l'uscire delle cose da Dio" tra la visione trinitaria hegeliana e quella böhmeiana. "Nella sua filosofia della religione, Hegel si esprime così sulla Trinità e particolarmente sul Figlio: egli è certo il Figlio, e perciò un altro dal Padre, ma non doveva rimanere Figlio; ciò, affinché la distinzione sia posta, ma così appunto anche eternamente di nuovo superata; si tratta «per così dire soltanto di un gioco dell'amore con se stesso (certo straordinariamente edificante), non si giunge in questo modo alla serietà dell'esser-altro» (Hegel, *Werke*, vol.XII, 2ª ed., p.248); per questo – perché esso divenga serio – è necessario che il Figlio riceva la determinazione dell'esser-altro come esser-altro e appaia come qualcosa che è reale fuori di Dio (perciò come un qualcosa uscito da Dio) e senza Dio, cioè come mondo. Qui il Figlio, secondo tutti i concetti filosofici, è reso decisamente materia del mondo, perché con il fatto di non essere semplicemente altro, ma di venire anche posto come altro, egli diventa mondo. In conformità a ciò, questo Figlio – finché fu come Figlio, cioè nella differenza dispiegata – si comportò soltanto come la possibilità, cioè come la materia del mondo futuro". F.W.J. Schelling, *Filosofia della Rivelazione,* Rusconi, Milano 1997, p. 203.

Secondo questi mistici l'essere di Dio si comprende tenendo conto di cosa si nasconda in Dio, di cosa vi sia di oscuro e misterioso nel 'Deus absconditus'[150]? Cos'è allora *la teoria del 'Deus absconditus'*?

Il 'Deus abscondius' corrisponde all'idea che in Dio ci sia una realtà nascosta, un'essenza di Dio che stia sopra l'essenza divina[151], *un'essenza sopraessenziale*, che nella filosofia cristologica hegeliana, possiamo indicare come essenza supertrinitaria, dove la dialettica dell'annullamento trinitario si compie.

Questa dimensione supertrinitaria, questa essenza sopraessenziale coincide con la profondità dell'essere trinitario di Dio; s'identifica con il Dio absconditus, con il mistero nascosto di Dio, cioè con *il suo fondo oscuro (Göttlickeit) in cui le relazioni intratrinitarie delle persone divine si annullano reciprocamente.* A questa realtà nascosta dell'essere di Dio, a questa essenza sopraessenziale trinitaria si giunge dopo aver fatto esperienza e quindi scoperto e conosciuto le Persone divine.

Tenendo presente tutto questo è chiaro che la filosofia cristologica hegeliana non riesca a cogliere e a percepire le relazioni intratrinitarie

---

[150] Questa teoria del Deus absconditus non nasce improvvisamente in questi mistici ma deriva nel corso della storia del pensiero dalla visione di Dio come natura del mondo, nella forma del panteismo dove "il tratto caratteristico della divinità in questa concezione è la sua «super-sostanzialità», il suo essere al di sopra dell'essere (di ogni specie di realtà). Per questo suo tratto, Dio, già in Plotino appare accessibile solo ad uno slancio eccezionale o soprannaturale, cioè all'estasi mistica (*Enn.*, VI, 7, 35) [...] e nella mistica di Maestro Eckhart (sec. XIV), per il quale Dio è «un'Essenza super-essenziale ed un Nulla super-essente»« (*Deutsche Mystiker*, edizione Pfeiffer, II, pag.318-319) [...] e [in] Jacopo Boheme [che] considerava Dio da un lato come «un nulla eterno» (*Mysterium magnum*, I,2), dall'altro come la radice stessa del mondo naturale, che non è stato creato dal nulla ma da Dio stesso e non è altro che la rivelazione o l'esplicazione dell'essenza divina (*De tribus principiis*, 7,23)". N. Abbagnano, *Dio* in *Dizionario di Filosofia,* Utet, Torino 1984[2], pp. 235-236. Come vedremo alla concezione del Deus absconditus, nella sua declinazione della problematica dell'ateismo, viene ricondotta la teologia dell'assenza di Dio, come sua sorgente di riflessione. G. Pattaro, *Ateismo*. in *Nuovo Dizionario di Teologia*, pp.33-48.

[151] Anche P. Tillich riprende questo concetto argomentando sull'angoscia dell'uomo in quanto Dio si pone nei riguardi dell'uomo e della sua angoscia "come l'essere-al-di-là-dell'essere, come il fondo inesauribile di ogni essere, che permette all'uomo di superare ogni negativo e ogni angoscia. [...] Dio «muore» come persona per far posto al Dio sopra Dio, la *Göttlickeit* della mistica renana, affinché l'angoscia dell'uomo scompaia e sia sostituita dal «coraggio d'essere». G. Mura, *Angoscia ed esistenza. Da Kierkegaard a Moltmann. Giobbe e la «sofferenza di Dio»*, Città Nuova, Roma 1982, p.134.

nel loro processo dialettico, il quale invece, secondo la dommatica, si pone come un donarsi kenotico reciproco, nel quale le Persone divine non si annullano l'una nell'altra[152].

Di contro Hegel concepisce questa essenza sopraessenziale di Dio, come il fondo oscuro di Dio, dove le Persone divine si annullano reciprocamente, secondo una dinamica dialettica scandita dal divenire della diversità trinitaria.

Così *la natura divina si compie come Spirito Assoluto* e si compie così, sempre come Spirito assoluto, *mediante la Menschwerdung cristologica* cioè nell'unità della natura divina con quella umana.

Infatti «la natura divina non è che questo: essere lo Spirito assoluto; così dunque, l'unità della natura divina e della natura umana è lo stesso Spirito assoluto».

Perciò l'accadimento del divenire dialettico ritmato dal divenire della diversità trinitaria realizza la natura divina come Spirito assoluto nel suo sapere se stesso il quale, grazie alla Menschwerdung, diviene autocoscienza di Dio nell'uomo, che a sua volta conosce il sapere di Dio nella misura in cui conosce se stesso in Dio: «Dio è Dio, solo in quanto sa se stesso; il suo sapere se stesso è, inoltre, la sua autocoscienza

---

[152] Intorno ai concetti sulla relazione tra kenosi e persona trinitaria, per sempio, Pannenberg concorda sostanzialmente con la visione di persona in ambito trinitario offerta da Hegel. Infatti "nei suoi *Grundzüge der Cristologie*, Pannenberg afferma: «Per mezzo dell'idea profonda secondo cui l'essere della persona è quello di esistere nella dedizione di sé ad un'altra persona, Hegel ha considerato l'unità nella trinità come unità che viene realizzata solo dal processo della donazione reciproca. Egli ha così concepito l'unità di Dio con un'intensità finora mai raggiunta, non per mezzo, poniamo, di una riduzione della triplice personalità, ma proprio tramite la più acuta accentuazione dell'idea della personalità (...). L'idea di Hegel (...) rimane finora il culmine della dottrina trinitaria quanto al rapporto fra trinità e unità». Ora, se è vero che Hegel ha almeno parzialmente intuito la dimensione kenotica della persona divina come quella che ne spiega l'intrinseca relazionalità con le Altre, restano però oltremodo problematici nel suo pensiero altri due fondamentali elementi: 1) la reale distinzione delle Persone – *kenosi* della Persona non è per Hegel alienazione senza residui nell'alterità?; 2) e quindi la reale trinitarietà dell'unico Essere divino". P. Coda, *Hegel e la teologia oggi*, pp. 122-123.

nell'uomo e il sapere che l'uomo ha di Dio progredisce al sapersi dell'uomo in Dio»[153].

Possiamo allora dire che nella filosofia cristologica hegeliana *non è la seconda Persona della Trinità, il Logos di Dio che si fa uomo ma è l'essere di Dio che diviene uomo*.

Hegel, non concependo più la realtà delle Persone divine nella loro donazione senza annullamento, non può cogliere la verità della persona di Cristo nella sua identità teandrica umano-divina e quindi l'autentico significato della sua incarnazione, dove non si annulla come Dio e della sua morte dove non muore come Dio[154].

In tal senso Pannenberg "lamenta che Hegel non distingua sufficientemente nel Figlio incarnato la natura divina da quella umana: «Hegel ha trascurato le accurate distinzioni della cristologia ortodossa fra natura divina ed umana nell'unità della persona di Cristo, parlando, in mancanza di tale differenziazione, della morte di Cristo come morte di Dio stesso. D'altra parte per lui quello stesso accadimento era, in quanto superamento dell'autoestraneazione della divinità nell'incarnazione, il ritorno dell'Idea divina a sé, "conciliazione dello spirito con sé"»[155].

---

[153] G.W.F. Hegel, «*Philosophie der Religion*» in *Werke*, Lassone, (a cura di) , XIV, p.38 e *Encyklopädie*, § 564,II, p.511 cit. in J. Maritain, *Ateismo e ricerca di Dio,* Massimo, Milano 1982, p.218.

[154] "Nel sistema della maturità Hegel altro non farà che far entrare il dogma cristologico, separato volutamente ormai dal Cristo, nella compiuta identità della ragione immanente". C. Bosco *Recensioni* su M. Borghesi, *La figura di Cristo in Hegel,* Edizioni Studium, Roma 1983 in Verifiche 1(1985), p.106.

[155] Cit. in P. De Vitiis, *Joachim Ritter e la Menschwerdung nell'hegelismo teologico*, Cedam, Padova 1999, p. 656.

3.7 Ricadute della filosofia cristologica hegeliana

La visione filosofico-cristologica di Hegel ha provocato, non solo in ambito teologico ma, anche in quello strettamente ecclesiologico, filosofico, politico, storico rilevanti e profonde ripercussioni e sviluppi.

3.7.1 Ecclesiologico

Grazie alla menschwerdung cristologica la Chiesa, il mondo e Dio diventano la medesima e identica realtà; sono tra loro coincidenti in quanto la storia dell'uomo è diventata la storia di Dio (la Geschichte Gottes)[156], sono la stessa cosa[157]. Pertanto conoscere la chiesa significa conoscere il mondo e viceversa; contemporaneamente conoscere il mondo vuol dire conoscere Dio e viceversa; quindi *la storia della chiesa corrisponde alla storia dell'uomo che s'identifica con la storia di Dio nel mondo.*

3.7.2 Filosofico

La filosofia cristologica diviene la più alta conoscenza dell'uomo in Cristo perché è la più alta conoscenza di Dio nell'uomo cioè la più alta

[156] "*La storia stessa* costituisce quell'Assoluto che continuamente si manifesta". F. Biasutti, *Assolutezza e Soggettività. L'idea di religione in Hegel,* p. 22. "Lo storicismo idealistico si presenta come il tentativo più ardito e più organico, che sia mai stato concepito e compiuto dal pensiero filosofico per intendere la storia nella sua totalità: essa muove da una metafisica monistica, immanentistica e panteistica, che dà luogo alla duplice identificazione dialettica di realtà e ragione («tutto ciò che è reale è razionale; tutto ciò che è razionale è reale», secondo la celebre definizione di Hegel) e di ragione e storia, conferendo quindi alla storia un valore assoluto. *L'eterna inquietudine dell'Idea – che è appunto l'identità dialettica di essere e pensiero – costituisce il principio creatore ed animatore, ed anzi l'essenza della filosofia hegeliana*,[corsivo mio] in cui lo storicismo idealistico del secolo scorso trova la sua formulazione e la sua sistematizzazione più autorevoli, e determina una trasformazione radicale del concetto tradizionale della storia, che ora si configura non più soltanto come una successione o uno sviluppo di fatti e di avvenimenti, ma anche come la ragione dei fatti stessi. La storia, insomma, ha in sé la sua giustificazione, è se stessa e ragione di se stessa, e perciò si pone, ad un tempo, come problema e soluzione". G.M. Pozzo, *Introduzione alla filosofia della storia,* Cedam, Padova 1973, pp. 34-35.

[157] "Così il mondo della prassi umana è il vero «*Lebenslauf Gottes*»". F. Biasutti, *Assolutezza e Soggettività. L'idea di religione in Hegel*, p. 62.

teologia. Infatti se Dio è diventato uomo in Cristo vuol dire che il sapere dell'uomo corrisponde allo stesso sapere di Dio. Si può dire meglio che, dopo l'annullamento dialettico dell'essere di Dio incarnato in Cristo, è lo stesso sapere di Dio che conosce se stesso[158]. Pertanto la filosofia cristologica hegeliana diventa il sapere nello Spirito mediante il quale l'essere di Dio in Cristo sviluppa la conoscenza compiuta di se stesso nella condizione incarnata.

C'è quindi una perfetta identità tra la filosofia cristologica e la teologia, tra la ragione e la fede, tra il Logos di Dio e il suo riverbero nell'uomo. Il pensiero filosofico in Cristo coincide con l'autentica dimensione della fede e diventa la piena e perfetta realizzazione del Logos di Dio in quanto "religione assoluta e logica assoluta sono in sé identiche, dal momento che l'una rende manifesto Dio e l'altra formula questa manifestazione in seno al discorso filosofico, che risulta essere indistintamente lo stesso terreno del discorso teologico; si giunge così ad interpretare la filosofia hegeliana come una teologia in senso stretto"[159]. Per questo *la filosofia cristologica di Hegel è la più alta forma di razionalizzazione del dato della fede e della figura di Cristo* e raffigura nell'ambito del cristianesimo *la più completa visione del pensiero gnostico, del puro gnosticismo*[160].

---

[158] "Il Sapere del Sapiente non è altro che [...] ciò che si è compiuto, ciò che il reale è divenuto. Esso rivela nello stesso tempo e nello stesso istante Dio e l'Uomo giunti alla pienezza del loro essere e non facenti che una sola cosa, Dio divenuto vero Dio nell'Uomo, e l'Uomo divenuto Dio divenendo veramente Uomo". J. Maritain, *Ateismo e ricerca di Dio,* p.218-219.

[159] F. Biasutti, *Assolutezza e Soggettività. L'idea di religione in Hegel*, p. 15.

[160] "Si può dire che Hegel è il punto ultimo di approdo della cultura del logos". G.M. Zanghì, *Il pensare come amore. Verso un nuovo paradigma culturale,* in *Nuova Umanità* 145 (2003) 1, p. 8. "In ultima analisi, la metafisica hegeliana e la filosofia hegeliana della storia sono la Gnosi moderna, un puro gnosticismo". J. Maritain, *Per una filosofia della storia,* Morcelliana, Brescia 1979^4, p. 26.

3.7.3 Politico

Poiché, come si diceva, la chiesa in Hegel s'identifica con il mondo, con l'umanità, questo significa che le istituzioni, le autorità mondane, diventano istituzioni e autorità di natura ecclesiale e fungono perciò da strumenti di mediazione con Dio. Conseguentemente se lo stato coincide con la chiesa, lo stato diventa chiesa senza alcuna separazione tra azione ecclesiale e azione politica. *L'azione politica-statale assume una valenza divina.* Infatti «l'effettualità del regno del cielo è appunto lo Stato, conciliazione nel pensiero, ovvero modo di essere (Wesen) di entrambi reciprocamente attraverso la Chiesa [...] La Chiesa è lo Spirito che sa se stesso come universale, l'interna assoluta sicurezza dello Stato»[161]. Tenendo presente questi principi si può capire come l'azione politico-statale sia stata considerata nella storia e nella mentalità contemporanea la più alta espressione dell'attività umana. Diventa comprensibile il motivo per cui gli stati moderni si siano pensati addirittura superiori[162] e quindi si siano opposti alle chiese e le abbiano combattute sia a livello legislativo sia a livello culturale. Infatti, secondo la filosofia cristologica hegeliana, *l'autentica forma ed espressione politico-statale è quella totalitaria* e deve essere necessariamente totalitaria perché deve sacrificare, meglio annullare, il singolo alla totalità perché solo lo stato totalitario è il solo e vero mediatore, garante del tutto, dell'intero[163].

---

[161] G.W.F. Hegel, *Realphilosophie,* p.270, cit. in F. Biasutti, *Assolutezza e Soggettività. L'idea di religione in Hegel,* p. 63. L. Siep *La filosofia politica di* Hegel in *Verifiche* 3-4(1991), pp.219-242.

[162] "Lo Stato è lo Spirito sviluppato (lo Spirito del mondo) al di sopra della religione e della pietà, al di sopra delle Chiese particolari, aleggiante quale universalità dello Spirito". X. Tilliette, *La Chiesa nella filosofia,* pp.72-73.

[163] "Basti pensare alla definizione hegeliana del rapporto tra individuo e popolo, ove già si fa strada e entra in gioco questo significato di dedizione ed abnegazione: «L'intiero diviene opera come intiero per il quale il singolo si sacrifica, e proprio così ne riottene se stesso. Qui non c'è niente che non sia reciproco, niente in cui l'indipendenza individuale, nel dissolvimento del suo esser-per-sé, nella negazione di se stessa, non si conferisca il proprio significato positivo, che è di esse per sè». S. Zucal, *L'ambiguità prometeica*

3.7.4 Storico

Come si sosteneva, l'unica e autentica figura di mediazione tra la trascendenza infinita di Dio e la creaturale finitudine dell'uomo è la persona di Cristo, il quale, grazie alla menschwerdung dell'incarnazione, ha fatto passare il finito dell'uomo nell'infinito di Dio e questa traslazione della vita finita dell'uomo nella vita infinita di Dio non significa altro che religione[164].

Questo esito della vita dell'uomo avviene però grazie ad un processo di annullamento del Logos di Dio in Cristo, cioè mediante la morte dell'essere di Dio in Cristo. Perciò il negativo diventa assolutamente indispensabile e necessario per l'esistenza del positivo, per l'affermazione della vita. Questa è *la dinamica della dialettica* che *è stata innestata nella storia dell'uomo grazie alla morte-vita in Cristo.*

La natura regolativa della storia umana cioè la legge che risiede nell'essere della storia dell'uomo quindi equivale alla dialettica. Per esaltare e affermare veramente qualcosa bisogna che la realtà sia fatta morire, sia negata, annullata e dal momento che il singolo deve morire alla totalità, all'intero così devono essere negate e annullate tutte quelle singole realtà storiche che sono passate, superate in quanto è dalla morte delle civiltà passate[165] che nasce la vita nuova della storia.

La vera legge pertanto che dà senso e vita nuova alla storia tutta dell'umanità è la legge dialettica, che non è la legge dell'amore ma la

dell'«escatologia» hegeliana nell'interpretazione teologica di Hans Urs von Balthasar, p.240.

[164] "Questo innalzamento dell'uomo non solo dal finito a infinito, ma da vita finita a vita infinita, è religione" in G.W.F. Hegel, *Frammento sistematico*, p.29.

[165] Perché "in mezzo alle rovine di Cartagine, Palmira, Persepoli, Roma, quale viaggiatore non è stato indotto a fare considerazioni sulla caducità dei regni e degli uomini, a rattristarsi per la vita di un tempo, così vigorosa e ricca? – una tristezza che non indugia su perdite personali, né sulla caducità dei propri fini, bensì un cordoglio disinteressato per il tramonto di un'umanità splendida e civilizzata. Tuttavia, al mutamento si collega, come determinazione più vicina, il pensiero che i*l mutamento è sì il tramonto di qualcosa, ma nel medesimo tempo è il sorgere di una vita nuova, come dire che dalla vita discende la morte, ma dalla morte sorge la vita*". G.W.F. Hegel, *Lezioni sulla filosofia della storia,* Laterza, Bari 2003, p. 64.

legge della contrapposizione, della lotta, della guerra, della morte dell'altro affinché la vita propria si affermi e si realizzi[166].

3.8 Conclusioni e prospettive

Se l'essere di Dio diventa uomo e parimenti l'essere dell'uomo diventa Dio, significa che nella filosofia cristologica hegeliana troviamo come conseguenza la scaturigine dell'assolutizzazione-divinizzazione della ragione[167], dello stato[168], dell'azione storica, dell'attività politica; in altri termini l'esaltazione massima dell'agire umano con i suoi principi, forze e valori a scapito del riconoscimento religioso della trascendenza divina.

3.8.1 Immanentismo antropo-teista

Allora si comprende come per Hegel la menschwerdung del Logos di Dio in Cristo non corrisponda al concetto dommatico dell'incarnazione teandrica in Cristo ma si pone come una forma, come un'espressione

[166] Nella lotta per il riconoscimento «ogni individuo deve aver di mira la morte dell'altro, quando arrischia la propria, perché per lui l'altro non vale più come lui stesso». G.W.F. Hegel, *Fenomenologia dello Spirito, I*, p.157.

[167] "La ragione governa il mondo, e così anche nella storia mondiale le cose sarebbero andate razionalmente…è la sostanza e la potenza infinita, è l'infinita materia di tutta la vita naturale e spirituale…la ragione, infatti, diversamente da qualsiasi agente finito, non sottostà a condizioni nel suo operare, non ha bisogno di un materiale esterno, di mezzi dati, dai quali ricevere il nutrimento e gli oggetti della propria attività; la ragione si nutre consumando se stessa, è il materiale stesso sul quale essa lavora: la ragione ha se stessa come proprio presupposto, il suo fine coincide col fine ultimo assoluto; così pure la ragione stessa è l'attività di estrarre questo fine dalla sfera dell'interiorità per tradurlo nel mondo fenomenico, non soltanto nell'universo naturale, ma anche in quello spirituale – nella storia mondiale". G.W.F. Hegel, *Lezioni sulla filosofia della storia,* Laterza, Bari 2003, p. 10.

[168] Però, per esempio, "Ritter difende poi Hegel dall'accusa di aver divinizzato o assolutizzato lo Stato. Il rapporto che il pensiero hegeliano pone fra lo Stato e il divino implica soltanto che lo Stato non abbia come unico compito quello di soddisfare i bisogni naturali dell'uomo, ma debba anche «render possibile la realizzazione intramondana degli ordinamenti spirituali, religiosi ed etici che sostengono l'esistenza umana». (G. Ritter, *Metaphysik und Politik).* Nell'attribuire allo Stato una funzione puramente non utilitaria Hegel si trova nella tradizione della teoria metafisica di Aristotelee di Tommaso, che egli cerca di attualizzare nell'epoca moderna". P. De Viitis, *Joachim Ritter e la Menschwerdung nell'hegelismo teologico*, Cedam, Padova 1999, p. 652.

filosofico-ideologica dell'immanentismo che potremo chiamare antropo-teista[169] , la quale si compie pienamente e solamente nell'uomo e nella sua storia. Questa *modalità immanentistica che si esplicita come antropo-teista* si declina, come si diceva, nella negazione della sussistenza religiosa e trascendente di Dio in quanto Logos che si annulla e diviene in Cristo nell'uomo, quale forma di ateismo in cui le potenzialità e valori umani vengono assolutizzati. Pertanto è qui, dalla menschwerdung di Dio in Cristo, dalla morte di Dio in Cristo che origina inverosimilmente l'umanesimo ateo con i suoi drammatici sbagli e inganni. E' proprio qui, nell'*umanesimo ateo* che possiamo rinvenire la modalità del pensare la relazione tra Dio e l'uomo che chiamiamo sinteticamente come *ateismo di ragione o meglio ateismo fondato nella ragione.*

3.8.2 Ateismo fondato nella ragione

In questa interpretazione atea della relazione tra Dio e l'uomo si afferma che, proprio grazie alla menschwerdung dell'essere di Dio in Cristo, solo nella ragione umana si colloca l'autentico e supremo sapere di Dio e dell'essere di Dio in se stesso[170] e questo coincide, come abbiamo sottolineato sopra, con l'assolutizzazione, con l'esaltazione suprema della ragione umana. La Ragione, il Logos di Dio muore nella ragione dell'uomo e insieme muoiono, si annullano in essa anche i dati e i misteri della fede, nel senso che vengono compresi in quanto

[169] Maritain definisce l'immanentismo di Hegel antropo-teista: "Esso rivela nello stesso tempo e nello stesso istante Dio e l'Uomo giunti alla pienezza del loro essere e non facenti che una sola cosa, Dio divenuto vero Dio nell'Uomo, e l'Uomo divenuto Dio divenendo veramente Uomo. Non c'è qui «panteismo volgare», c'è immanentismo atropo-teista". J. Maritain, *Ateismo e ricerca di Dio*, p. 219.

[170] «Dio pensa nell'uomo» dice Hegel [...] la filosofia («Sapere assoluto»)[...] e il dio che si storicizza (non si può più dire correttamente: si incarna, e perciò il Cristo è eliminato), è l'infinito che si immanentizza nel finito («Senza il mondo Dio non è Dio») togliendo a quest'ultimo ogni autonomia, mentre perde, esso stesso, ogni caratteristica personale". G. Casoli, *L'ateismo moderno-II*, pp.92-93.

razionalizzati dalla ragione stessa che li riduce alla sua intelligibilità. Contemporaneamente, grazie a questo processo di annullamento in Cristo della Ragione divina, Dio si porrà "come il limite ideale dello sviluppo del mondo e dell'umanità" [171].

Questo ateismo nella ragione, nato dalla filosofia cristologica di Hegel, si rintraccia in tutte quelle modalità del pensiero che esaltano *la ragione a scapito della fede, relativizzandola sino a limitarla ad un semplice e puro oggetto della ragione.* Sono quelle forme della gnosi che riducono la fede nell'alveo della propria intelligibilità razionale; la trattano come un oggetto della ragione umana a tal punto che ormai "la trascendenza divina è ora respinta, e ne occupa il posto una filosofia dell'immanenza"[172]. Ed è' sempre qui, nella filosofia cristologica hegeliana, che possiamo rinvenire la lontana sorgente di tutte quelle *concezioni demitizzanti del pensiero cristiano* sia in ambito esegetico[173] e sia in ambito teologico[174] perché se Dio viene ridotto all'uomo, è giocoforza che Dio non venga più riconosciuto come tale, nelle sue caratteristiche religiose e trascendenti.

---

[171] J. Maritain, *Ateismo e ricerca di Dio*, p. 215.

[172] *Ivi.*

[173] Per esempio in R. Bultmann si tratta di operare nei confronti del testo biblico un specie di liberazione di ordine razionale dal rivestimento mitico in esso racchiuso cioè si tratta di demitoligizzarlo affinché l'uomo possa giungere alla decisione della fede secondo un'ottica di teologia scientifica. I. Mancini, *Demitizzazione,* in *Nuovo Dizionario di* teologia, pp.300-304.

[174] Posso ricordare, come esempi, la teologia liberale i cui principali esponenti verso la fine del secolo furono A. Ritschl (1822-1889), A. von Harnack (1851-1930, E. Tröltsch (1865-1923), nel quale "ogni religione è verità su Dio corrispondente alla tappa comune del divenire dello Spirito". R. Bertalot, *religione e Diritto. Una lettura protestante,* Pazzini editore, Verucchio (RN), 1996, p.52. La teologia dell'assenza di Dio (Bonhoffer, Sölle, Fiorenza, Vahanian) che si pone come "una ricerca ermeneutica sulla realtà cristiana considerata entro l'orizzonte storico...non si può uscire dall'uomo e dalla sua storia, perché questa è occupata solo da lui e da nessun altro. Il che vuol dire che l'intera storia della salvezza «è coesistente con la storia spirituale dell'umanità in genere» (Karl Rahner), costituendo una sola ed unica storia" G. Pattaro, *Ateismo,* in *Nuovo Dizionario di Teologia*, p.34.; La teologia della morte di Dio (Robinson, van Buren, Hamilton, Altizer, Blake) che tematizza la questione di Dio "entro le esigenze di una rigorosa immanenza storicistica [...]. Cristo è il luogo storico esclusivo che dà senso e significato alla rivelazione, a causa del fatto che Cristo appartiene alla storia [...] Cristo non porta a Dio, ma solo al Gesù di Nazareth, così che la cristologia rifiuta ogni possibilità di costituirsi teologia per essere solo e comunque antropologia storica". *Ivi*, p.38-39.

3.8.3 Dalla Venerdì santo della Ragione pura a Dio in Cristo come immagine dell'uomo

C'è un'immagine simbolica che compendia il concetto centrale della filosofia cristologica hegeliana, che è la morte dell'Essere di Dio, del Verbo divino in Cristo, chiamata da Hegel stesso, sin dai suoi primi scritti, il *Venerdì santo speculativo*[175]*, ossia, in altre parole, il Venerdì santo della Ragione.*

Il Venerdì santo, la Ragione pura di Dio, il suo Logos, muore in Cristo per essere piantata come semente nel terreno fecondo della ragione umana affinché si compia pienamente nell'uomo e nella sua storia. L'incarnazione del Logos di Dio in Cristo è concepita da Hegel come accadimento primario cioè come necessaria premessa che troverà il suo pieno compimento nel Venerdì santo della Ragione perché "l'incarnazione non è completa sinché non ha calcato il promontorio della finitezza e la suprema prova della sua realtà effettiva, la morte"[176]. Ed è qui che viene tracciato *il concetto puro di Cristo* in quanto mediazione pura che necessità di un atto di negatività[177] per divenire nell'uomo cioè del fatto che la Ragione pura muore in se stessa, come eterno e puro Verbo di Dio per svilupparsi nell'uomo.

---

[175] "Il concetto puro deve dare un'esistenza filosofica, deve dare dunque alla filosofia l'idea della libertà assoluta e con ciò la *Passione assoluta o il Venerdì Santo speculativo*, che fu già storico, e deve ristabilire quest'ultimo in tutta la verità e la durezza della sua assenza di Dio (*Gottlosigkeit)"* [corsivi miei]. G.W.F. Hegel, *Primi scritti critici*, trad. it di R. Bodei, Mursia, Milano 1971, p. 253.

[176] X. Tilliette, *La settimana Santa dei filosofi*, p.73.

[177] Perché "la mediazione dunque, come la redenzione, richiede un atto di negatività. In questo senso l'Io puro è mediazione pura perché è negazione pura. Quando attraverso la complessa sostanza del mondo si persegue la mediazione presa in quanto tale, ridotta alla sua trasparente funzione logica, prescindendo quindi dal molteplice in cui essa opera e che è necessario al suo esplicarsi, *si traccia la storia del concetto di Cristo*". E. De Negri, *Introduzione. Teologia e storicismo,* in G.W.F. Hegel, *I principi,* La Nuova Italia, Firenze 1974, p.xv.

L'interpretazione della menschwerdung in Cristo in quanto morte del Logos puro di Dio per la vita dell'uomo ha prodotto nel corso della storia, come abbiamo accennato, considerevoli approfondimenti ed evoluzioni in vari ambiti del pensiero e dell'agire umano. Mi soffermo qui solo a ricordare quanto sia stata indispensabile e necessaria per la nascita della concezione filosofico marxiana; per la genesi della teoria dello stato moderno e per lo sviluppo della controreplica filosofica da parte di Nietzsche, di Kirkegaard e della filosofia esistenzialista[178].

Se l'esito derivante dalla morte della Ragione pura di Dio in Cristo è l'affermazione che Dio è morto affinché la vita di Dio divenga nell'uomo, allora non possiamo più parlare, dopo la filosofia cristologica hegeliana, dell'uomo come immagine di Dio ma, all'opposto, di *Dio come immagine dell'uomo*, nel senso che lo stesso essere di Dio in Cristo diviene l'autentica e profonda immagine dell'essere dell'uomo, dei suoi valori, della sua ragione. Come abbiamo visto, secondo la dommatica cristiana Gesù è colui che rivela il vero volto del Dio trinitario in quanto è il Figlio unigenito del Padre; è il Dio-Amore che si fa uomo nell'unità teandrica della sua persona, nella pienezza della natura divina e umana e che con l'incarnazione rivela la verità del suo essere uno nell'amore reciproco trinitario e contemporaneamente la verità dell'essere dell'uomo in quanto creato a sua immagine e somiglianza come figlio nel Verbo stesso di Dio.

E' questa visione unitaria sul mistero della figura di Cristo che viene ora respinta e invertita. Cristo non è più la vera manifestazione di Dio

[178] La denuncia degli esistenzialisti ci ha aperto un varco meraviglioso e nuovo per giungere a Dio. Essi ci dicono, sia pure spesso con parole di non credenti: «Il Dio che noi vogliamo non è quello delle astrazion, non è quello né della filosofia dialettica né della filosofia statica, è il Dio che ci dà oggi la vita». Per questo leggendo le pagine di Heidegger e Sartre non si può che rimanere commossi; essi hanno scoperto che un'esistenza senza Dio ci porta solo al nulla: E nel tempo,stesso che questa scoperta è la crisi della loro filosofia, essa è la grande esigenza che ci pongono: dobbiamo riuscire a dare il Dio dei vivi e non il Dio dei concetti". P. Foresi, *La filosofia e Dio*, pp. 617-618.

all'uomo ma è, di contro, la rivelazione dell'autentico volto dell'uomo perché Cristo riassume in sé tutti gli aneliti dell'uomo a essere Dio.
Ma in che senso l'uomo in Cristo compendia in sé le profonde aspirazioni a possedere gli attributi divini?
Se si legge la famosa opera del filosofo *D.F.Strauss 'La vita di Gesù'*[179] si trova la tesi che la figura di Cristo e il messaggio del suo Vangelo non rispecchiano altro che i profondi desideri del popolo ebraico ad avere i caratteri di Dio. Quello che troviamo riferito alla persona di Cristo, in realtà coincide con *le profonde esigenze dell'uomo* che, però, non devono essere intese in riferimento ad un singolo uomo ma devono essere interpretate in senso totale, universale cioè *rivolte all'umanità tutta.* Infatti Dio s'identifica con l'immagine dell'uomo-umanità in quanto l'incarnazione dell'essere di Dio nell'unica persona di Gesù non è altro che un mito e bisogna restituire all'umanità, al tutto dell'uomo ciò che è stato detto ad un unico uomo, a Gesù, per cui la religione del Cristo deve divenire e svilupparsi in religione dell'umanità. Pertanto "l'incarnazione, intesa come un fatto particolare, nella persona di un individuo storico determinato, è essa stessa un mito. Solo «l'umanità è la riunione delle due nature, il Dio fatto uomo, cioè lo spirito infinito che si è alienato da sé fino alla natura finita, e la natura finita che ritorna alla sua infinità»[180].

---

[179] "David Friedrich Strauss (27 gennaio 1808-8 febbraio 1874) fu scolaro di Ferdinado Baur a Tubinga e fu in stretti rapporti con la scuola hegeliana. Nel 1835 pubblicò la *Vita di Gesù*, opera che divenne presto famosa e suscitò le violente polemiche che cristalizzarono la divisione della scuola hegeliana" in N. Abbagnano, *La polemica contro l'idealismo*, in *Storia della Filosofia, III,* Utet, Torino 1982^3, p. 170.

[180] D.F. Strauss, *Vita di Gesù,* cit. in *Ivi*. Pannenberg, però, "ha criticato come fraintendimento l'interpretazione panteistica della Sinistra hegeliana e in particolare di Strauss: «In ciò fu decisivo per Strauss che secondo la vera opinione di Hegel, come in Schelling, "Il Figlio non possa essere un essere spirituale sovramondano, bensì proprio soltanto il mondo o la coscienza finita stessa" – una interpretazione che appiattisce la distinzione, da Hegel consapevolmente mantenuta, fra la vita trinitaria immanente di Dio da una parte e la sua rivelazione nella creazione e nella conciliazione del mondo dall'altra e quindi deforma gravemente la posizione hegeliana» (Theologie und Philosophie)" cit. in P. De Vitiis, *Joachim Ritter e la Menschwerdung nell'hegelismo teologico,* Cedam, Padova 1999, p. 655.

Un ulteriore sviluppo dell'essere di Dio in Cristo come immagine dell'uomo, come desiderio di realizzazione delle qualità divine lo rinveniamo nel filosofo *L.Feuerbach*[181] perché "la fede in Dio non è che il Dio dell'uomo, e la Trinità cristiana, che è fede, amore e speranza, ha il suo fondamento nel desiderio umano di veder realizzati i propri voti"[182], che sono i tratti del Dio incarnatosi in Cristo.

Feuberbach pone l'accento sul finito della Menschwerdung cristologica hegeliana, capovolgendola in senso ateo[183]. Infatti per la normatività dialettica dell'annullamento, se Dio non si fosse realmente annullato nell'uomo in Cristo, dovrebbe essere ancora l'uomo a doversi annullare in Dio, in Cristo.

In questo senso l'obbligatorietà dialettica della Menschwerdung cristologica non può sostenere che due realtà tra loro opposte come la Ragione infinita di Dio e la ragione finita umana possano coabitare contemporaneamente insieme: o è Dio a doversi annullare in Cristo o è l'uomo a doversi annullare in Dio, in Cristo. Feuerbach parla di alienazione dell'uomo in Dio: *è l'essere dell'uomo a doversi annullare in Dio, in Cristo,* in quanto "il compito della vera filosofia non è di riconoscere l'infinito come finito bensì quello di riconoscere il finito come non finito, come infinito"[184]. L'uomo perciò si aliena in Dio, si

[181] "Ludwig Feuerbach nacque il 28 luglio 1804 a Landshut nella Baviera e morì a Rechenberg il 13 settembre 1872. Scolaro di Hegel a Berlino, libero docente ad Erlangen, si vide troncare la carriera universitaria dall'ostilità incontrata dalle idee sulla religione esposte in uno dei suoi primi scritti, *Pensieri sulla morte e l'immortalità* (1830)" in N. Abbagnano, *La polemica contro l'idealismo*, in *Storia della Filosofia, III,* Utet, Torino 1982^3, p. 173.

[182] *Ivi*, p. 175.

[183] "Per la Sinistra hegeliana [...] l'incarnazione si realizza nel genere umano, nell'universale e non in un singolo individuo, cosicché il dogma cristologico tradizionale è solo un rivestimento mitologico, adeguato ad una fase di limitata evoluzione intellettuale, della dottrina panteistica dell'unità dello spirito umano e di quello divino, unità che poi Feurbach radicalizzerà in senso *ateo*, attribuendo direttamente i predicati della divinità al genere umano" in P. De Vitiis, *Joachim Ritter e la Menschwerdung nell'hegelismo teologico,* Cedam, Padova 1999, p. 657.

[184] L. Feuerbach, *cit.*, in N. Abbagnano, *La polemica contro l'idealismo*, in *Storia della Filosofia, III,* Utet, Torino 1982^3, p.173.

annulla in Dio grazie alla menschwerdung perché la sua essenza, l'uomo la coglie "non come sua, ma come un'altra, un'essenza separata, diversa, anzi, opposta a lui"[185].

Questo diventa realmente possibile dal momento che, se Dio è rivelazione della coscienza dell'uomo in quanto religione[186], vuol dire che, mediante l'incarnazione del Logos di Dio in Cristo, Dio si è compiutamente annullato nell'uomo portando l'essere dell'uomo alla piena conoscenza di sè. Infatti, "la coscienza di Dio è l'autocoscienza dell'uomo, la conoscenza di Dio è la conoscenza che l'uomo ha di se stesso"[187]. Per cui "l'essenza dell'uomo è l'Essere supremo. La svolta della storia sarà il momento in cui l'uomo prenderà coscienza che il solo Dio dell'uomo è l'uomo stesso stesso. *Homo homini Deus*"[188]. Allora la figura di Cristo per la menschwerdung cristologica non è altro che lo stadio primigenio del processo di coscientizzazione dell'umanità che, appunto, prende coscienza di essere Dio in Cristo. Perciò dal momento dell'incarnazione del Logos di Dio in Cristo *i caratteri divini del Cristo non possono che essere posseduti da tutta l'umanità*[189].

---

[185] L. Feurbach, *L'essenza del Cristianesimo*, in *Opere*, Laterza, Bari 1965, p. 210.

[186] La religione è "la solenne scoperta dei tesori nascosti dell'uomo, l'ammissione aperta dei propri pensieri più intimi, la confessione solenne dei propri segreti amorosi". *Ivi*, p.194.

[187] *Ivi*, p.193.

[188] *Ivi*, p.195

[189] "Da 'Dio pensa nell'uomo' a 'l'uomo è Dio', da una teologia depauperata di Cristo (e perciò di articolazione trinitaria) a un'antropologia per mero capovolgimento". G. Casoli, *L'ateismo moderno, II*, p. 93.

Tenendo presenti queste idee allora si comprende la critica marxiana nei riguardi della religione. Infatti per Marx "la religione è la realizzazione fantastica dell'essenza umana, perché l'essenza umana non possiede vera realtà. La lotta contro la religione è, quindi, mediatamente, la lotta contro questo mondo, di cui la religione è l'aroma spirituale. La miseria religiosa è, da una parte, l'espressione della miseria reale, e, da un'altra, la protesta contro la miseria reale. La religione è il sospiro della creatura oppressa, il sentimento di un mondo senza cuore, è lo spirito dei tempi privi di spirito. Essa è l'oppio dei popoli". Cit. in G. Casoli, *L'ateismo moderno,* II, pp. 96-97. Infatti "è' l'uomo che fa la religione, non è la religione che fa l'uomo; la religione è in realtà la coscienza e i sentimenti propri dell'uomo, il quale o non si è ancora trovato o si è già di nuovo perduto". Cit. in Aa.Vv., *Gesù Cristo*, p. 356 .

4. La filosofia cristologica in Nietzsche. La deliberata morte di Dio: l'assassinio di Dio in Cristo

Da quello che abbiamo detto sinora possiamo comprendere il clima filosofico e culturale nel quale è nata e si è sviluppata la filosofia cristologica di Nietzsche[190]. E' in tale contesto che origina e matura il pensiero di Nietzsche perché, se in Hegel la menschwerdung del Logos di Dio in Cristo equivale al divenire di Dio nell'uomo mediante la dialettica dell'annullamento dell'essere di Dio in Cristo, nella filosofia cristologica di Nietzsche ciò si sviluppa in *un vero e proprio assassinio di Cristo* cioè in una deliberata e consapevole morte di Dio in Cristo, decisa dall'uomo.

Nietzsche comprende che il termine di confronto che la filosofia cristologica della morte di Dio hegeliana aveva lasciato in retaggio non è tanto la questione dell'essere di Dio e la sua menschwerdung, ma precisamente, la figura di Cristo e la sua morte in quanto tale, proprio per quello che ha voluto dire e che significa per la vita degli uomini.

La filosofia cristologica nietzschiana non è altro che *l'esito radicale della filosofia cristologica hegeliana* perché Nietzsche la porta alle sue estreme e paradossali conseguenze. Per questo Nietzsche riesce a cogliere anticipatamente le tragiche ripercussioni che la sua visione cristologica recherà nei secoli futuri e cioè nei tempi moderni e post-

[190] Friedrich Wilhelm Nietzsche (1844-1900). "Nacque a Röcken presso Lutzen il 15 ottobre 1844. Studiò filologia classica a Bonn e a Lipsia sotto la guida di Friedrich Ritschl, e in questi studi andò formandosi il suo entusiasmo romantico per l'antichità greca. A Lipsia lesse per la prima volta *Il mondo come volontà e rappresentazione* di Schopenauer e ne fu conquistato". N. Abbagnano, *Nietzsche*, in *Storia della Filosofia, III,* Utet, Torino 1982[3], p.364. G. Mura, *Ragione e ateismo nella cultura occidentale*, in Aa.Vv., *Il problema ateismo*, Città Nuova, Roma 1986, 153-172. G. Reale-D. Antiseri, *Il pensiero occidentale dalle origini ad oggi*, o.c., pp. 323-337. Gli scritti di Nietzsche sono riferiti alla raccolta in *Opere* della casa editrice Adelphi, Milano 1964ss. Altrimenti vi sarà diversa indicazione.

moderni[191]. In questo senso possiamo parlare della filosofia cristologica nietzschiana come di *un'autentica profezia,* profezia della morte di Dio in Cristo, una morte operata dall'uomo in modo cosciente e intenzionale ossia, in poche parole, dell'assassinio di Dio in Cristo.

Nietzsche si presenta come quel *profeta*[192] che è riuscito a vaticinare la drammaticità dei nostri tempi[193] perché la morte di Gesù per mano dell'uomo ha rivelato che "con il mancare del Dio vivente, di per sé nessun pensiero e nessuna domanda avrebbero posseduto un vero fondamento, nessun agire un traguardo vivificatore e che dunque, dopo questo evento, ogni pensiero ed ogni opera sarebbero dovuti rimanere sospesi in un nulla senza fine"[194].

4.1 L'amore-odio per Cristo[195]

La cristologia filosofica nietzschiana è certamente, come si diceva, l'approdo finale, quale sviluppo di quella hegeliana ma, nello stesso tempo, dobbiamo evidenziare che viene concepita e corroborata,

---

[191] "La modernità è il dramma emerso di questo cammino [...] sino al cosiddetto post-moderno, che è l'avvertire con forza dura il tramonto del paradigma del logos condotto agli estremi. Se si torna a cercare l'*Arché,* è in una condizione di smarrimento interiore. Per questo il soggetto, oggi, tende paradossalmente a cancellarsi, implodendo su di sé, in una invocazione disperata ma non capita dai più dell'Origine. L'oggetto tende a scomparire nella sua densità, sciolto nelle trame del pensiero che lo pensa, ma senza che il soggetto faccia corpo con esso oggetto. L'oggetto è la technè! La luce è quella del buio, dell'assenza di luce. E' il nichilismo." G.M.Zanghì, *Il pensare come amore. Verso un nuovo paradigma culturale*, in *Nuova Umanità* 145 (2003) 1, p.9.

[192] "Conosco la mia sorte. Un giorno sarà legato al mio nome il ricordo di qualcosa di enorme – una crisi, quale mai si era vista sulla terra, la più profonda collisione della coscienza, una decisione evocata contro tutto ciò che finora è stato creduto, preteso, consacrato". F. W. Nietzsche, *Ecce Homo,* in *Opere*, vol. 6,tomo 3, p.127.

[193] "Nietzsche, mi pare, può essere considerato il più grande testimone spirituale dell'epoca moderna, per il fatto che la presenza assente dell'infinito potere di Dio rende veramente l'essenza dell'uomo, ma testimone anche per il fatto che secoli di storia umana hanno fatto crescere ed ispessirsi questa assenza [...] egli dà vita piuttosto, con il suo grido, a quello che generazioni hanno portato e nutrito in sé, senza trovare il coraggio di esprimerlo". B Welte, *L'ateismo di Nietzsche e il cristianesimo,* Queriniana, Brescia 2005[2], p.53-54.

[194] *Ivi*, p.18.

[195] Per una visione globale e approfondita sul tema, M. Vannini, *Friedrich Nietzsche. Un rapporto di amore-odio con Gesù e un sorprendente tentativo di identificazione*, in Aa.Vv., *La figura di Cristo nella filosofia contemporanea*, S.Zucal (a cura di), Edizioni Paoline, Cinisello Balsamo 1993, pp. 685-726.

nell'ambito della sua esistenza, dalla *singolare*, nel senso di schizofrenica e maniacale, *relazione* che Nietzsche instaura *con* la figura di *Gesù Cristo*.

Diciamo schizofrenica e maniacale perché nel corso della sua vita Nietzsche da un lato, sente una fortissima attrazione e un abissale fascino, quasi un *amore fanatico e doloroso per Gesù* come se fosse lo stesso Nietzsche, identificandosi in Cristo, a prenderne il posto; dall'altro, un *odio viscerale e tormentato,* tale da agognare parossisticamente la sua uccisione e la sua morte, come se fosse ancora lui medesimo a lottare contro il Cristo per risultarne vincitore.

Sin da giovane Nietzsche è affascinato dalla figura di Gesù. Scrive un dramma, mai terminato, su Gesù di Nazareth, secondo le idee di Feuerbach, andando oltre il Cristo di Feuerbach.

In altri periodi Nietzsche è invidioso di Cristo, *invidioso fino alla follia*, di questo Cristo che "non amava abbastanza: altrimenti avrebbe amato anche noi che ridiamo! Ma egli ci odiava e ci scherniva e ci promise pianto e stridore di denti"[196]. Scrive l'Anticristo e nella sua ultima opera, l'Ecce Homo, si presenta come *l'acerrimo nemico di Cristo*, della sua ipocrita e illusoria dottrina, come il lieto messaggero, la verità che dà speranza e provoca stravolgimenti mai concepiti in questa lotta vittoriosa contro il Cristo. Dice:"Sono io un lieto messaggero, quale mai si è visto, conosco compiti di una altezza tale che finora è mancato il concetto per definirli; solo a partire da me ci sono nuove speranze [...] perché ora che la verità dà battaglia alla millenaria menzogna, avremo sconvolgimenti, uno spasimo di terremoti, monti e valli che si spostano, come mai prima si era sognato"[197].

---

[196] F. W. Nietzsche, *Così parlò Zarathustra,* vol. VI, tomo 1, p. 341.
[197] F. W. Nietzsche, *Ecce Homo,* p.128.

E' a partire, perciò, dalla particolare e unica relazione di amore-odio con la persona di Cristo che possiamo capire il senso per cui Nietzsche riesca a comprendere quale sia la vera questione lasciata in sospeso dalla filosofia cristologica hegeliana.

4.2 L'assassinio di Dio in Cristo

Il centro focale, la scaturigine della sua riflessione nel suo amore-odio per Cristo, non è quindi la morte di Dio della menschwerdung ma l'uccisione di Dio in Cristo; la contrapposizione, il conflitto perciò è con Cristo e con tutto quello che la sua persona e il suo vangelo significano e hanno assunto per l'umanità.

La guerra con Cristo continua e, ora, *l'odio si trasforma in amore*, amore che si angustia per la morte dell'ebreo Gesù avvenuta troppo presto: "In verità, troppo presto è morto quell'Ebreo che [...] conosceva soltanto le lacrime e la malinconia [...] l'ebreo Gesù: e lo assalì il desiderio della morte"[198]. E questa attrazione viscerale per Gesù diventa allora ammirazione sconfinata che porta Nietzsche a vedere *nel Cristo l'autentico paradigma dell'esistenza umana, il vero uomo, quello della più alta nobiltà e libertà di spirito.* Perciò il Cristo è il "«libero spirito», «l'uomo più nobile» e [...] «la pratica della vita è ciò che egli ha lasciato in eredità agli uomini. il suo contegno dinanzi ai giudici, agli sgherri, agli accusatori e ad ogni specie di calunnia e di scherno, il suo contegno sulla croce"[199].

Nella sua filosofia cristologica pertanto Nietzsche ha dinanzi precisamente la persona di Cristo, la sua esistenza, il suo messaggio

---

[198] F. W. Nietzsche, *Così parlò Zarathustra*, p. 81-82.

[199] G. Reale-D.Antiseri, *Il pensiero occidentale dalle origini ad* oggi, pp. 333-334.

evangelico[200], non tanto la morte di Dio prospettata dal Venerdì santo speculativo[201]. Nietzsche nella sua mente non pensa che all'effettiva e reale morte del Cristo, di questa uccisione di Dio decisa e operata dagli uomini: "lo abbiamo ucciso e noi siamo gli assassini di Dio"[202], di questo Cristo che Nietzsche dissocia dal cristianesimo della Chiesa[203].

Ora odia Cristo e si esalta per la sua agognata uccisione; contemporaneamente lo ama, di un amore, tormentato, angosciato, morboso; Cristo è sempre ossessivamente presente, angustiato al punto che *ormai s'identifica con lui* perché vuole subentrargli nella coscienza e nel cuore degli uomini[204].

C'è quindi un unico destino per Cristo e per gli uomini: devono ammazzare Cristo, Cristo deve morire, deve essere ucciso da loro. Ma, fatta questa uccisione, gli uomini, che non hanno ancora preso consapevolezza della vera e concreta grandezza che hanno acquisito nel sostituirsi a Dio, si sentono persi, soli, confusi perché la terra è oramai, a causa dell'assassinio di Cristo, stata staccata dal suo sole[205].

---

200 "'Il Vangelo morì sulla croce' F. W. Nietzsche, *L'Anticristo*, vol. VI, tomo 3, p. 214.

201 "Cosa curiosa, Nietzsche non mette in relazione la morte di Dio (l'ateismo) e la Crocifissione, egli ignora dunque il venerdì Santo speculativo". X. Tilliette, *La Settimana Santa dei filosofi,* p.88. Infatti Nietzsche ignora "completamente l'ateismo, sia come risultato, sia e ancor più, come evento". F.W. Nietzsche, *Ecce Homo*, p.31.

202 "Dove se n'è andato Dio? – gridò - ve lo voglio dire! Siamo stati noi ad ucciderlo: voi ed io! Siamo noi i suoi assassini". F. W. Nietzsche, *La gaia scienza*, vol. V, tomo 2, p. 129.

203 Infatti "il vangelo morì sulla croce. Ciò che a cominciare da quel momento è chiamato"vangelo", era già l'antitesi di quel che lui aveva vissuto: una cattiva novella, in Dysangelium". F.W. Nietzsche, *L'Anticristo*, p.214.

204 "Alla vigilia della sua follia conclamata, Nietzsche si firmò alcune volte «Dionisio»e il «Crocifisso», come in un disperato tentativo di identificazione degli opposti e di se stesso negli opposti identificati...«Io – dice di se stesso, come aveva detto di Gesù – sono il contrario di una natura eroica» e afferma come di se stesso, che Gesù «voleva essere il distruttore della morale» ponendo Dio stesso «come l'Aldilà del bene e del male». G. Casoli, *L'ateismo moderno-IV,* in *Nuova Umanità* 104 (1996)2, p.172.

205 A. Bizzotto-P.Scapin, *I grandi ispiratori dell'ateismo contemporaneo,* in *Credere Oggi* 5 (1981), pp. 25-28.

4.3 Nichilismo compiuto

A partire da questi dati possiamo allora capire perché Nietzsche sia diventato, come si diceva, il profeta dell'uomo contemporaneo; colui che ha presentato analiticamente la situazione dell'uomo attuale che ha ucciso il Dio di Cristo, "il vecchio Dio morto"[206]. La filosofia cristologica nietzschiana è quindi lo specchio, l'icona dell'immagine dell'uomo senza Dio, dell'uomo senza il Dio di Cristo e in tale situazione di morte, l'uomo si autocomprende sfiduciato in se stesso e nelle sue potenzialità perché il sole in cielo è lontano e distante e la terra è deserta. Terra senza Cristo, nella quale l'uomo si ritrova gettato a vivere un'esistenza d'infinita solitudine, in 'un infinito nulla': "Che cosa abbiamo fatto quando abbiamo sciolto questa terra dalla catena del suo sole? In che direzione essa si muove? Via da tutti i soli? Non precipitiamo continuamente? E all'indietro, ai lati, in avanti, da tutte le parti? C'è ancora un sopra e un sotto? Non vaghiamo come attraverso un infinito nulla? Non alita si di noi lo spazio vuoto? Non si è fatto più freddo? Non viene continuamente la notte e più notte?"[207].
La filosofia cristologica di Nietzsche coincide quindi con la filosofia dell'infinito nulla[208]*, dell'infinito-squallido-muto-nulla, con la filosofia della nostra cultura e della nostra storia, come l'epoca del nichilismo compiuto*[209]*, realizzatosi con l'uccisione del Dio di Cristo.*

[206] F.W. Nietzsche, *La Gaia Scienza. Idilli di Messina*, S. Giametta (a cura), BUR, Milano 2015^5, p. 310.
[207] *Ivi*, p.206.
[208] "Ma ciò che soprattutto diventa nulla nel nichilismo nietzscheano è l'io, l'io che si trova di fronte alla concreta possibilità del suo annientamento, che è destinato al tramonto". E. Petris, *Recensioni* su Aa.Vv., *Nietzsche e la fine della filosofia occidentale,* in *Verifiche* 1-2 (1988), p.177.
[209] "Ciò che racconto è la storia dei prossimi due secoli. Descrivo ciò che verrà, ciò che non potrà più venire diversamente: l'avvento del nichilismo". F.W. Nietzsche, *Frammenti postumi 87/88,* vol. VIII, tomo 2, pp. 265-266.

Cos'è allora la condizione dell'uomo contemporaneo se non una realtà di tenebra, di orrore, di solitudine, di notte ma, *non per gli eletti, per gli spiriti superiori, per gli spiriti liberi,* che dall'avvenimento dell'assassinio di Dio, non si lasciano vincere dal deserto dell'infinito nulla ma si ritrovano in uno stato di ebbrezza e di esaltazione tanto che *sanno diventare essi stessi uomini-Dio*[210], *capaci nella volontà d'essere Dio*[211]. Dicono: "E noi lo abbiamo ucciso! Come possiamo consolarci, noi assassini di tutti gli assassini? Ciò che il mondo possedeva di più santo e possente, si è dissanguato sotto i nostri coltelli- chi ci toglierà di dosso questo sangue? Con quale acqua potremo lavarci? Quali cerimonie espiatorie, quali sacre rappresentazioni dovremo inventare? Non è la grandezza di questo gesto troppo grande per noi? Non dobbiamo farci déi noi stessi, anche solo per apparirne degni?[212]

E mentre il cadavere del Dio di Cristo marcisce e si sente nell'aria "il lezzo della putrefazione divina"[213], questi spiriti liberi, questi superuomini, trasformano la loro suprema solitudine in suprema esaltazione e in euforia perché *il cadavere del Dio morto si trasmuta e si sublima in loro* che, proprio per questo, possono sostenere la loro esistenza nell'infinito nulla, nel deserto della morte di Dio, nella notte del 'vecchio Dio morto'.

---

[210] "L'unico modo per essere degni di aver ucciso Dio è di diventare noi stessi degli dei. E Nietzsche vuol essere il profeta di questa nuova immagine dell'uomo". A. Bizzotto-P.Scapin, *I grandi ispiratori dell'atesimo contemporaneo*, p.27.

[211] Perché "Io voglio essere significa in sostanza: voglio essere divino e Dio. Divino e Dio è il mio ideale che mi porta nella mia essenza e in essa mi guida, è l'inizio – che da sempre mi determina e trascina – di tutto e di ogni «io voglio». B. Welte, *L'ateismo di Nietzsche e il cristianesimo,* Queriniana, Brescia 2005^2, p.37.

[212] F.W. Nietzsche, *La Gaia Scienza. Idilli di Messina*, p.206-207.

[213] *Ivi*, 206.

4.4 I superuomini

La filosofia cristologica nietzschiana, allora, evidenzia che in tale celebrazione sacrificale questi uomini-dio, questi superuomini[214] prendono coscienza che l'assassinio del Dio di Cristo genera una traslazione, una trasformazione, meglio, *un capovolgimento di ogni valore, che invece prima era proclamato dal Cristo e dal suo vangelo.* Quando Nietzsche parla di trasvalutazione di tutti i valori[215] intende un vero e proprio ribaltamento, un capovolgimento[216] di quello che nel vangelo è considerato male e che ora, a cominciare da lui, e nei superuomini si trasforma in bene e viceversa.

E cosa produce questa trasvalutazione in questi spiriti? Questa trasmutazione li porta alla libertà, *al nuovo vangelo, al vangelo dell'avvenire cioè al nichilismo,* che si pone, appunto, «al di là del bene e del male»[217] e che "colui che vuole essere creatore di 'bene e male': in

[214] "Ecco, io vi insegno il superuomo! Il superuomo è il senso della terra. Dica la vostra volontà: sia il superuomo il senso della terra!. Vi scongiuro, fratelli, rimanete fedeli alla terra e non credete a quelli che vi parlano di sovraterrene speranze". F.W. Nietzsche, *Così parlò Zarathustra*, pp. 5-6.

[215] Questo capovolgimento, questa trasvalutazione, un atto che in lui, per primo, è diventato carne e genio per opporsi al vangelo di Cristo:"Trasvalutazione di tutti i valori: questa è la mia formula per l'atto con cui l'umanità prende la decisione suprema su se stessa, un atto che in me è diventato carne e genio. Vuole la mia sorte che io debba essere il primo uomo *decente,* che sappia opporsi a una falsità che dura da millenni". F. W. Nietzsche, *Ecce Homo,* p.127.

[216] "Quali valori vengono *negati* dal cristianesimo? Che cosa contiene l'*ideale opposto*?" (221) in F. W. Nietzsche, *La volontà di potenza. Frammenti postumi ordinati da Peter Gast e Elisabeth Förster-Nietzsche*, M. Ferraris P. Kobau (a cura), Bompiani/RCS, Milano 2016[9], p. 128. In quanto essendo l'essenza del cristianesimo "un tipo di decadence" (174) per cui se "si fa questo? Si fa l'opposto" [...] a favore dell'umanità" (41). Il numero tra parentesi indica il numero del frammento nel testo. Per una visione completa si vedano i punti 'Per la storia del Cristianesimo' e 'Gli ideali cristiani' nel primo paragrafo del secondo libro dal titolo 'Critica dei valori supremi finora riconosciuti' in 'La volontà di Potenza'.

[217] Ecco il vangelo dell'avvenire: "«La volontà di potenza. Tentativo di una trasvalutazione di tutti i valori» - con questa formula si esprime un contro-movimento quanto a principio e compito: un movimento che in un qualche futuro prenderà il posto di quel perfetto nichilismo; [...] Perché infatti è ormai necessario l'avvento del nichilismo? Perché sono i nostri stessi valori precedenti che traggono in esso la loro ultima conclusione; perché il nichilismo è una logica pensata sino in fondo dei nostri grandi valori e ideali – perché dobbiamo prima vivere il nichilismo , per accorgerci di quel che fosse primariamente il valore di questi «valori» [...]. Noi abbiamo bisogno, quando che sia di nuovi valori,". F. Nietzsche, *Frammenti postumi 87/88*, pp. 392-393.

verità, costui dev'essere in primo luogo un distruttore, e deve infrangere valori"[218], chiaramente quelli del 'vecchio Dio morto' con il crearne di nuovi[219] grazie al principio della volontà di potenza così da giungere al mondo nuovo al "mondo *dionisiaco* che si crea eternamente, che distrugge eternamente se stesso[...]. *Questo mondo è la volontà di potenza – e nient'altro*"[220].

E alla notizia che il Cristo, che il vecchio Dio è morto, questi spiriti eletti non temono più nulla e possono dirigersi verso *l'orizzonte che appare finalmente libero*; per questo hanno il cuore pieno "di gratitudine, di presagio e di attesa" perché ora si sentono "illuminati dai raggi di una nuova aurora"[221]; mentre per gli altri uomini c'è solo profonda tenebra e notte. *L'assassinio del Vecchio Dio genera timore soltanto ai deboli, ai cagionevoli*[222] e unicamente questi hanno paura di ciò che sta per accadere, meglio di ciò che sta per schiantarsi sul mondo privo di Cristo. La filosofia cristologica nietzschiana ormai sta per ottenere i primi agognati risultati, si sta realizzando per l'Europa "ciò che non potrà più venire diversamente: l'avvento del nichilismo"[223] e già si intravedono le 'prime ombre' perché "il più grande avvenimento recente – che «Dio è morto», che la fede nel Dio cristiano è divenuta incredibile – comincia già a gettare le sue prime ombre sull'Europa"[224].

---

[218] F. W. Nietzsche, *Così parlò Zarathustra*, p. 132.

[219] "Perché dobbiamo prima vivere il nichilismo, per accorgerci di quel che fosse primariamente il valore di questi «valori» [...] Noi abbiamo bisogno, quando che sia di *nuovi valori*". Nietzsche, *Frammenti postumi 87/88*, p. 393.

[220] F. W. Nietzsche, *La volontà di potenza*, (1067), p. 561-562. Il terzo libro, 'Principio di nuova posizione di valori' e il quarto 'Disciplina e selezione' sono allora l'esplicitazione e la declinazione del programma finalizzato alla creazione del mondo come volontà di potenza.

[221] F.W. Nietzsche, *La Gaia Scienza. Idilli di Messina*, p.310.

[222] Perché si tratta di andare per "la strada che l'umanità ha seguito istintivamente[senza] "sgattaiolar via, come i malati e i moribondi". F.W. Nietzsche, *Così parlò Zarathustra*, p. 51.

[223] F. W. Nietzsche, *Frammenti postumi 87/88*, p. 266.

[224] F.W. Nietzsche, *La Gaia Scienza. Idilli di Messina*, p. 309.

4.5 Cristo e Dioniso

C'è nella filosofia cristologica nietzschiana un altro fondamentale figura interpretativa per leggere la guerra che Nietzsche ha nei confronti del vecchio Dio ed è la contrapposizione tra il Cristo crocifisso e Dioniso. Ma a cosa corrisponde il concetto del Dioniso in Nietzsche?

Troviamo 'il concetto stesso di Dioniso'[225] espresso e articolato specialmente nel libro 'La nascita della tragedia'[226] che poi ritorna sempre anche negli altri suoi scritti. In Nietzsche *'il concetto di Dioniso'*[227] viene declinato come deificazione dell'ebbrezza, dell'arte musicale, dell'essenza vitale anche quella più oscura, della forza globale, della potenza creatrice e devastatrice, del 'pensiero più abissale'[228] e nascosto dell'essere[229].

Se confrontiamo ciò che afferma Giovanni nella sua prima lettera sulla realtà di Dio come Luce in quanto "Dio è Luce e in Lui non vi sono tenebre"(1 Gv. 1, 5) e se il Cristo è il Verbo come la Luce di Dio cioè la Ragione di Dio incarnatosi, il Dioniso nietzschiano, di contro, è il *sovrano delle oscurità, delle tenebre*[230]*, delle profondità più celate e segrete dell'essere,* perché "è notte [...] e così soffre un dio, un

---

225 F.W. Nietzsche, *Ecce Homo*, p. 105.

226 F.W. Nietzsche, *La nascita della tragedia ovvero Grecità e pessimismo,* p.125-240 in Nietzsche, *Verità e menzogna. La nascita della tragedia. La filosofia nell'età tragica dei Greci*, Newton Compton editori, Roma 2018.

227 F.W. Nietzsche, *La visione dionisiaca del mondo*, in *ivi*, pp.63-82.

228 F.W. Nietzsche, *Ecce Homo,* p. 105.

229 "Dionisio è il portatore di una sapienza terrificante, è colui che sconvolge le abitudini sociali trascinandole nel disordine e nell'orgia sfrenata; ed è ancora la consapevolezza della «atrocità dell'esistenza» [...] Secondo Nietzsche ciò che esiste non ha in sé nessun germe di razionalità e di intelligibilità, anzi, tutto è caos e disordine [...] in questo senso il reale è tutto meno che razionale. Dionisio è allora il simbolo e l'immagine della magmaticità, casualità e irrazionalità del reale." E. Petris, *Nietzsche interprete di Kant,* in *Verifiche* 3 (1988), p.238.

230 "Com'è noto, Dionisio è anche il dio delle tenebre". F.W. Nietzsche, *Ecce Homo*, p.113.

Dioniso"[231], che quindi, inevitabilmente, non può essere altro che l'anti-Logos, l'anti-Luce per antonomasia.

Nella filosofia cristologica nietzschiana il vero nome dell'Anticristo è il dionisismo in quanto dottrina anticristiana[232] che si presenta come contro-dottrina e contro-valutazione del Cristo e del cristianesimo. Nietzsche coglie in Dioniso l'invito, l'esortazione ai misteri occulti, ai culti religiosi, alla mistica dell'oscurità e delle tenebre come antitesi e opposizione al Dio cristiano e questi crocifisso, nel senso che il mondo e la vita come volontà di potenza sussistono solo con l'evento dell'assassinio del Vecchio Dio, del Cristo, quale Dio-crocifisso, perché "'il Dio in croce' è una maledizione scagliata sulla vita"[233]. Perciò si chiede se è sia stata compresa la vera posta in gioco di tutta la sua filosofia cristologica:"Sono stato capito? - *Dioniso contro il crocifisso*"[234].

Ma in fondo chi o cosa vuol rappresentare Nietzsche nella figura di Dioniso in questa opposizione contro il Dio crocifisso. Potrebbe essere la realtà del male, il principe delle tenebre[235] di cui parla Cristo nel Vangelo oppure la dimensione più nascosta e profonda dell'essere cioè le forze vitali nella creazione in cui dobbiamo rinvenire una traccia del Logos di Dio con cui furono create le cose[236].

[231] F.W. Nietzsche, *Ecce Homo,* p.108.

[232] "*Contro* la morale si volse allora il mio istinto, con questo problematico libro, come un istinto assertore della vita, e si inventò una sistematica contro-dottrina e contro-valutazione della vita, puramente artistica e *anticristiana.* Come chiamarla? [...] - poiché chi conoscerebbe il vero nome dell'Anticristo? - con il nome di un dio greco: la chiamai *dionisiaca*". F. Nietzsche, *La nascita della tragedia ovvero Grecità e pessimismo,* p.137 in Nietzsche, *Verità e menzogna. La nascita della tragedia. La filosofia nell'età tragica dei Greci*, Newton Compton editori, Roma 2018.

[233] F. W. Nietzsche, *La volontà di potenza,* (1052), p.554.

[234] F. Nietzsche, *Ecce Homo*, p.137.

[235] Non è questa la sede ma sarebbe interessante, magari come progetto futuro di studio, porre a confronto il Dioniso dello Schelling della Lezione 21 (F.WJ. Schelling, *Filosofia della Rivelazione*, Rusconi, Milano 1997, pp.765-813); il rapporto tra Satana e Cristo della lezione 33 (*Ivi*, pp.1259-1303); il rapporto di Satana con l'uomo della lezione 34 (*Ivi*, pp. 1305-1341) e il Dioniso di Nietzsche.

[236] O come dice Welte "Dioniso definisce la vetta dell'essere come eterno, inesauribile, vivo e potente essere-uno" B. Welte, *L'ateismo di Nietzsche e il cristianesimo,* p.35.

Di sicuro Nietzsche ha lottato veementemente contro la sinfonica visione unitaria del Verbo di Dio con il suo riverbero nella ragione umana che il cristianesimo aveva compiuto nel corso dei secoli. Visione che porta a riconoscere *nel Cristo crocifisso ogni uomo anche l'abbandonato, lo scartato, l'emarginato.* E proprio in ciò Nietzsche ha visto la realizzazione del rifiuto delle energie più dinamiche ed essenziali della vita, anche quelle più materiali, animalesche e irrazionali dell'uomo[237], a favore invece dell'affermazione degli ultimi e dei deboli.

Allora la filosofia cristologica nietzchiana non può che combattere la religione rivelata dal Cristo crocifisso perché *il cristianesimo* s'identifica con *la religione della compassione*[238], "di tutto ciò che è debole, malato, malriuscito, sofferente-di-se-stesso, di tutto ciò che deve perire e [di cui] si è fatto un'ideale che contraddice l'uomo fiero e ben riuscito"[239].

Nietzsche ha rifiutato e deriso il messaggio del Cristo crocifisso e la sua croce[240], 'il peggiore di tutti gli alberi'[241], quale il contrario e l'opposto del Dioniso perché il Cristo crocifisso e la sua croce hanno ucciso nell'uomo le sue forze ed energie vitali. E se "fino ad oggi si chiamava verità la menzogna"[242], se la menzogna chiamata verità era il Cristo crocifisso che rappresentava con la croce la luce redentiva per gli uomini; adesso la proclamazione della verità, quella autentica, è il

[237] "Il concetto di «Dio» inventato in opposizione alla vita – tutto ciò che è dannoso, venefico, calunnioso, mortalmente ostile alla vita vi è raccolto in terrificante unità". F. Nietzsche, *Ecce Homo,* p.136. "Il cristianesimo, questa negazione della volontà di vita divenuta religione! *Ivi*, p.120.

[238] "Il cristianesimo è chiamato la religione della compassione. La compassione sta in contrasto con gli affetti tonici che elevano l'energia del sentimento vitale: essa agisce in senso depressivo. Si perde forza quando si ha compassione. Con la compassione aumenta e si moltiplica il dispendio di forza e si moltiplica il dispendio di forza che già in sé la sofferenza arreca alla vita"., F. Nietzsche, *L'anticristo*, p. 172.

[239] F.W. Nietzsche, *Ecce Homo,* p.137.

[240] "Contro la croce e tutto quanto rappresenta, Nietzsche l'*enfant du siécle,* ha condotto l'assalto e la risonanza della sua offensiva è stata incalcolabile". X. Tilliette, *La Settimana Santa dei filosofi,* p.88.

[241] F.W. Nietzsche, *Così parlò Zarathustra*, Di tavole antiche e nuove, n.12.

[242] F.W. Nietzsche, *Ecce Homo,* p.127.

Dioniso che si presenta agli uomini come il messaggero e il re delle tenebre; se prima il Cristo crocifisso era celebrato come l'icona incommensurabile dell'obbedienza filiale al Padre; ora vincitore è il Dioniso, il simbolo dell'esaltazione della rivolta e della ribellione e se prima era sempre il Cristo crocifisso l'emblema dell'autentica donazione con la rinuncia della propria vita in riscatto dell'umanità, *ora deve subentrargli il Dioniso* quale cifra e figura che annuncia la vita senza più limiti e regole[243]. Per questo bisogna "fare guerra all'*ideale cristiano, alla dottrina* della 'beatitudine' e della salvezza come scopo della vita"[244].

Riassumendo la filosofia cristologica nietzschiana, possiamo dire che l'assassinio di Dio in Cristo deliberato dagli uomini coincide con l'esito finale della questione della menschwerdung; questa uccisione del vecchio Dio corrisponde precisamente all'uccisione del Cristo crocifisso contrapposto al Dioniso e tutto questo processo filosofico in Nietzsche accade all'interno dell'esperienza di un amore-odio esistenziale che porta Nietzsche, da una parte, all'esasperazione spiritualmente cruenta contro il Cristo, dall'altra, all'identificazione quasi viscerale con la persona del Cristo stesso o addirittura a firmarsi come 'Dioniso il Crocifisso'[245].

---

[243] Perché "fino ad oggi pesava sulla realtà la menzogna dell'ideale, la maledizione che ha penetrato l'umanità fin nei suoi istinti più riposti per farla diventare menzognera e falsa – fino al punto di farle adorare i valori inversi di quelli che soli le potrebbero garantire la crescita, l'avvenire, il sovrano diritto all'avvenire". F. Nietzsche, *Ecce Homo*, p.12.

[244] F. W. Nietzsche, *La volontà di potenza,* (217), p.127.

[245] In Zarathustra, Nietzsche, nella quarta e ultima parte del testo inscena 'La cena', parodia del banchetto eucaristico con il pane e il vino e nel quale "l'asino commentò il suo dire con un malintenzionato I-A. E questo fu l'inizio di quel lungo banchetto che nei libri di storia è chiamato «la cena»; e ne 'La festa dell'asino', questa festa, "se la celebrerete un'altra volta, questa festa dell'asino, fatelo per amor vostro, fatelo per amor mio! E in memoria *di me*!", non fa che identificarsi con il Cristo stesso nell'istituzione eucaristica; e poi in alcune lettere scritte tra la fine del 1888 e l'inizio del 1889 si firma "a volte «Dioniso» o «Il Crocifisso» o «Dioniso il Crocifisso»" (R. Calasso in *Ecce Homo*, R. Calasso (a cura di), Adelphi, Milano 2006[11], p. 190-191), come se oramai Dioniso e il Crocifisso s'identificassero nel loro destino di morte-risurrezione in Cristo, da una parte e dall'altra, in Dioniso di vita che "rinasce in eterno e ritornerà in patria, tornerà dalla distruzione", F.W. Nietzsche, *La volontà di potenza,* (1052), p.554.

Possiamo allora chiederci è proprio contro il Cristo e il suo cristianesimo che Nietzsche combatte il suo conflitto o invece contro la falsificazione dell'autentico vangelo di Cristo operata dalla chiesa e dai cristiani appartenenti a questa chiesa[246].

Se prendiamo come riferimento quando dice che "la *Chiesa* è esattamente ciò contro cui Gesù predicò e contro cui insegnò a combattere i suoi discepoli"[247]; o che "i cristiani non hanno mai praticato le azioni che Gesù prescrisse loro, e[...] che la Chiesa non ebbe né il coraggio, né la volontà di compiere le *opere* che Gesù esigeva"[248];inoltre, leggendo tale questione in altri suoi testi, sembra che la rivolta di Nietzsche sia proprio contro questo Cristo e questa Chiesa cioè contro *la mistificazione e l'inganno di questa Chiesa e di questi cristiani* nei confronti del vero Cristo e del suo messaggio.

Giunti a questo punto, se analizziamo con più acume e profondità filosofica[249] i testi su cui si fonda la sua filosofia cristologica, questa guerra contro 'la santa menzogna'[250] rivela, in realtà in lui, un'autentica

[246] "Evitate tutti questi fanatici! E' una specie di persone malate, plebea: essi guardano alla vita di malanimo, hanno uno sguardo cattivo per questa terra. Evitate tutti questi fanatici! Essi hanno piedi pesanti e cuori afosi: - non sanno danzare. Come potrebbe la terra esse lieve per costoro! F.W. Nietzsche, *Così parlò Zarathustra*, p. 341. E in Ecce Homo:" A me spetta far guerra al cristianesimo, perché da quella parte non mi sono venute né disgrazie né ostacoli – i cristiani più seri sono sempre stati benevoli con me. Io stesso, avversario *de rigueur* del cristianesimo, mi guardo bene dal volerne ai singoli per questa millenaria fatalità". F.W. Nietzsche, *Ecce Homo*, p. 29.

[247] F.W. Nietzsche, *La volontà di potenza,* (168), p.99

[248] *Ivi*, p. 112. Rinvio a F. W. Nietzsche, *La volontà di potenza*, pp.96-146.

[249] La categoria del superuomo, per esempio, in pensatori come Heidegger e Jaspers, viene interpretata in chiave esistenziale-ontologica "come cifra della possibilità di esistere a livello di essere. Come cifra della dimensione dell'esistenza aperta alla trascendenza esistenziale"; mentre Lotz e Welte la leggono in chiave ontologico-cristiana cioè "a differenza di Heidegger e Jaspers, Lotz e Welte non parlano più di un rapporto tra l'essere e il divino in senso generale, ma più precisamente tra la dimensione dell'essere e il Dio del cristianesimo" e cioè, ciò che sostengo in questi cenni su Nietzsche, in modo specifico, dell'assassinio del Cristo crocifisso, centro e paradigma ermeneutico di tutta la filosofia cristologica nietzschiana. G. Penzo, *Postafazione*, in B. Welte, *L'ateismo di Nietzsche e il cristianesimo*, p.76.

[250] "Quindi la santa menzogna ha: inventato un Dio che *punisce e premia*, che riconosce esattamente il codice dei preti e manda precisamente i preti nel mondo come suoi interpreti e plenipotenziari; inventato un *aldilà della vita* [...]; inventato la *verità*, come rivelata, come coincidente con la dottrina dei preti: come condizione di ogni salvezza e felicità in questa vita e nell'altra". F.W.Nietzsche, *La volontà di potenza,* (141), p.89.

e struggente ricerca del vero volto del Dio di Cristo e del cristianesimo. Infatti, secondo *B.Welte*, "l'uomo Nietzsche non *vuole* Dio e saluta la «la morte di Dio» proprio *a causa del Dio che è in lui*. [...] il grande ateismo non è affatto un semplice capriccio. E' una possibilità veramente umana, perché esso ha radici che si trovano nella più intima essenza dell'uomo. In Nietzsche vengono messe a nudo. Ed ecco che cosa si mostra: che esse sono di natura divina. Si trovano là dove l'uomo è immagine di Dio e quindi uomo. Per questo l'uomo vuole e quindi può, prima di ogni altra cosa, e in modo estremo, essere anche «senza Dio»[251]. Questa immagine di Dio coincide con l'immagine del Dio fattosi uomo, al Dio-uomo, crocifisso e risorto; immagine talmente radicata nel cuore dell'uomo, che è impossibile da eliminare e da sopprimere e che, paradossalmente in Nietzsche, grida che "l'assenza di Dio è soltanto un risvolto della sua presenza"[252]. Pertanto nella filosofia cristologica nietzschiana troviamo questa *appassionata nostalgia* e questa tormentata tensione verso l'uno divino-umano, *verso il Cristo*; unità teandrica che Nietzsche rinviene in se stesso, come l'immagine del Cristo, anche se questo processo esistenziale viene inverosimilmente affermato e vissuto con l'uccisione del Cristo crocifisso affinché si generi il superuomo che "è il terreno d'incontro del divino e dell'umano, dell'eternità e del tempo: si tratta della cifra del divino in noi"[253]. Allora in Nietzsche la *volontà di trascendenza accade come eco e risonanza del divino*, precedente l'uomo[254], che si compie nel superuomo (l'oltre-uomo), come luogo della lotta interna per l'unità dell'essere, "verso la *conciliazione* della differenza tra il divino e l'umano"[255].

[251] B. Welte, *L'ateismo di Nietzsche e il cristianesimo*, p.38-39.
[252] G. Penzo, *Postafazione*, in B. Welte, *L'ateismo di Nietzsche e il cristianesimo*, p.81.
[253] G. Penzo, *Postafazione*, in B. Welte, *L'ateismo di Nietzsche e il cristianesimo*, p.82
[254] B. Welte, *L'ateismo di Nietzsche e il cristianesimo*, p.82 e p.63.
[255] *Ivi*, p. 64.

E chi potrà mai essere 'l'immagine delle mie immagini' in Zarathustra (Sulle isole beate), che deve dormire nella pietra più dura cioè nella roccia dell'uomo se non l'immagine di Dio nell'uomo, del Dio fattosi uomo, del Cristo? Welte allora ci dice che "nel discorso di Nietzsche del superuomo, l'uomo parla, senza saperlo, «in sogno», della grazia di Dio. Parla di ciò che anche nella teologia cristiana, viene detto sovra-natura. In questo senso un tale discorso, pronunciato in ebbrezza e follia, è tuttavia un discorso cristiano. [...] Nietzsche può essere considerato una grande guida che, vacillando, e senza saperlo, addita al messaggio di Cristo"[256].

La filosofia cristologica nietzschiana, che provocherebbe, come accadimento del nichilismo compiuto, un ateismo negativo, fondato nel nulla dell'essere, se, analizzata e letta più intimamente in se stessa e con più acutezza, secondo l'interpretazione di Welte, darebbe origine ad un ateismo, in fondo, positivo perché, l'ateismo nato da Nietzsche "si rivelerebbe in realtà come la radice più profonda dell'affermazione del divino che è nell'uomo"[257].

Però, nella storia occidentale sia a livello culturale sia a livello di eventi storici ed esistenziali, questo ateismo nietzschiano che, secondo Welte, è in sé positivo in quanto traccia indelebile del Cristo nell'uomo, è stato vissuto e declinato, secondo la profezia, vaticinata dallo stesso Nietzsche, come ateismo negativo, fondato nel nulla dell'essere, come icona e cifra del nichilismo compiuto.

[256] *Ivi*, p. 65-66.

[257] G. Penzo, *Postafazione*, in B. Welte, *L'ateismo di Nietzsche e il cristianesimo*, p.80.

4.6 Conclusioni e prospettive

4.6.1 L'ateismo negativo, l'ateismo fondato nel nulla dell'essere

Dalla filosofia cristologica nietzschiana, come abbiamo riscontrato, si origina una modalità esistenziale ateistica che possiamo chiamare ateismo negativo[258]. Generato e costituito filosoficamente dall'affermare il niente dell'essere, pone il suo *fondamento originario nella negazione dell'unità umano-divina del Cristo* in quanto immagine vera di Dio nell'uomo, e porta a misconoscere principi e valori autentici, non solo derivanti dal Cristo e dal suo Vangelo ma, anche quelli provenienti da un'equilibrata e corretta filosofia sull'uomo in quanto tutto il reale non è che un infinito-squallido-muto-nulla. Questo ateismo della negazione dell'essere, negazione che si sviluppa nel pensiero filosofico della modernità con la crisi della metafisica e di qui nel rifiuto di Dio[259], trova il suo esito oggi nell'*esaltazione del potere dell'uomo sulla vita* della natura e su quella degli altri uomini cioè, come signoria e potere della scienza e della tecnica[260].

[258] "Per ateismo negativo intendo un processo puramente negativo o distruttivo di rifiuto dell'idea di Dio, sostituita puramente da un vuoto". J. Maritain, *Ateismo e ricerca di Dio,* p. 206.

[259] In quanto "se Dio non è, nessun assoluto è. Allora, la verità non è; il pensare come pensiero-della-verità non è. L'uomo stesso, come valore assoluto, quale era posto dall'umanesimo postmedievale e dall'illuminismo, non è. Emerge una domanda terribile, cui faranno da sfondo le due grandi guerre mondiali: nel crollo di qualsiasi assoluto, perché non c'è l'Assoluto, può sopravvivere l'uomo? Che cosa può condurre a realizzazione l'uomo come valore assoluto, se l'Assoluto non è?". G.M. Zanghì, *Una chiave di lettura dell'ateismo occidentale,* in Aa.Vv, *Il problema ateismo per una comprensione del fenomeno*, Città Nuova, Roma 1986, p. 210.

[260] "Il nichilismo oggi, nella sua forma di «pensiero negativo», rappresenta, soprattutto nelle civiltà occidentali, l'humus filosofico su cui si impianta l'ateismo, almeno dal punto di vista culturale e dei principi teorici. L'ateismo del nichilismo suppone che se l'uomo vuole realizzare il suo potere – unica realtà autentica nelle sue mani – nei confronti della natura e degli altri uomini, egli deve poter fare a meno di Dio; anzi egli deve, come dice Zarathustra, «uccidere Dio». Questo potere (*Wille zur Macht*= volontà di potenza), che rifiuta coscientemente Dio [...] si realizza oggi soprattutto come *potere* della scienza. [...] La «morte di Dio» sembra essere una necessaria premessa per il potere dell'uomo".G. Mura,*Ragione e ateismo nella cultura occidentale,* in Aa.Vv, *Il problema ateismo per una comprensione del fenomeno*, pp.162-163. E analizzando il male nel pensiero di Nietzsche troviamo che "l'uomo nietzschiano pretende di accordarsi col male restando

Questo potere dell'uomo, questa volontà di potenza (Wille zur Macht), proprio perché provocata dalla morte del Dio crocifisso, non ha bisogno del Cristo e del suo messaggio, anzi, all'opposto, per continuare a regnare incontrastata, deve osteggiare e combattere il Cristo e i valori del suo Vangelo; per cui la morte di Dio, la morte del Dio crocifisso diventa il presupposto necessario e indispensabile per la sua esistenza e per il suo sviluppo nella storia e nel mondo.

Certo, come abbiamo visto, filosofi come Welte, dalla morte di Dio in Cristo hanno rinvenuto la positività dell'ateismo di Nietzsche per il cristianesimo. Anche la *teologia della morte di Dio* sostiene che la morte di Dio sia "un modo nuovo di essere di Dio nel mondo"[261], in quanto la fede cristiana viene spogliata e purificata dai caratteri del sacro[262] e del religioso e si declina in un'autentica esistenza di fede matura, capace di vivere nel mondo la realtà più profonda del cristianesimo, quella della morte di Dio nel Cristo crocifisso, come accadimento definitivo dell'infinito amore di Dio per l'uomo e come luogo di riconciliazione dell'umano e il divino[263]. La filosofia cristologica nietzschiana, il nichilismo e la teologia della morte di Dio nel Cristo crocifisso possono

---

nell'elemento del mondo, elemento dove esso regna attraverso la tecnica. La dottrina della volontà di potenza ritorna a considerare il mondo come coestensivo all'uomo. [...] Nietzsche [...] non ci chiede di dire «sì» al mondo, fondamentalmente, che al mondo della scienza, che ci chiede di riconoscere le leggi del mondo *per dominarlo.* Cf. per esempio, Zarathustra, IV, *La festa dell'asino*: «Quanto a noi, non vogliamo per nulla andare nel regno dei cieli, siamo divenuti Uomini; ciò che vogliamo, *è il regno della Terra*». P. Nemo, *Giobbe e l'eccesso del male*, Città Nuova, Roma 1981, pp.95-96.

261 G.Pattaro, *Ateismo,* in *Nuovo Dizionario di Teologia*, G. Barbaglio-S.Dianich (a cura di), Edizioni Paoline, Cinisello Balsamo (Milano) 1985⁴, p. 45.

262 "Il sacro precristiano era sì Notte ma, negli spiriti più profondi, Notte che portava in sé il Giorno – quella Notte che ha partorito la risurrezione del Cristo che, calatosi in essa fin nelle sue radici, l'ha illuminata della gloria della Trinità; il Sacro quale oggi comincia ad annunciarsi è la Notte che si rifiuta al Giorno, la Notte che, se così posso dire, vuole espellere la Luce". G.M. Zanghì, *Una chiave di lettura dell'ateismo occidentale,* in Aa.Vv, *Il problema ateismo per una comprensione del fenomeno*, p.212.

263 "Solo il Dio di Gesù Cristo, contemplato a partire da quell'abisso vertiginosamente profondo, e dunque anche immensamente dilatato e accogliente ogni diversità, che è la morte di Cristo in croce, può mostrarsi come luogo di riconciliazione. Un'unità che esplode nella distinzione". A.Giordano, *Cultura europea: libertà-alterità-trascendenza,* in *Nuova Umanità* 93 (1994) 3, p. 57.

certamente aiutare una fede cristiana, inquinata dai retaggi sacrali e religiosi, a depurarsi e a purificarsi ma possono, se non vengono ben capiti, indirizzare gli uomini, come in realtà è successo, a ripudiare la fede nel Cristo perché dal principio ermeneutico della realtà come infinito-squallido-muto-nulla, non può che derivare l'impossibilità di ogni tematizzazione su Dio, di ogni credenza in Cristo, ma anche di ogni fondazione umana di valori per la vita dell'uomo.

4.6.2 Dall'assassinio del Cristo crocifisso in Nietzsche al mistero di Gesù Abbandonato

Tenendo pertanto come riferimenti ermeneutici l'assassinio del Cristo crocifisso e il conseguente nichilismo della filosofia cristologica nietzschiana, l'ateismo negativo potrebbe essere inteso, non solo come la negazione dell'essere e dell'essere di Dio ma, potrebbe spiegare la situazione esistenziale di *un'umanità che vive senza Dio ma che il Dio, rivelato da Cristo, continua infinitamente a cercare e ad amare.* Il senso del nichilismo e il significato della morte di Dio nell'ateismo negativo potrebbero essere letti perciò nella luce dell'unica morte di Dio, sperimentata dal *Cristo crocifisso nell'abbandono* in croce.

L'uomo contemporaneo, l'uomo che vive nella condizione del 'nichilismo compiuto'[264], avrebbe oggi la possibilità nel senso che sarebbe nella situazione di rivivere in sé, nel proprio essere creaturale qualcosa dell'esperienza dell'abbandono di Dio, provata dallo stesso Cristo perché "in Gesù Abbandonato si coglie Dio che, per offrirgli la salvezza e il compimento di sé, raggiunge l'uomo proprio nella sua

[264] "L'uomo del nichilismo non è infatti l'uomo pre-cristiano, in attesa della luce della rivelazione, ma è l'uomo post-cristiano, che rifiuta la luce e fa a meno della rivelazione". G. Mura, *Ragione e ateismo nella cultura occidentale*, in Aa.Vv, *Il problema ateismo per una comprensione del fenomeno*, p.163.

massima lontananza da Dio – là dove, paradossalmente, è meno uomo e più uomo"[265].

L'ateismo stesso, *per il nichilista,* se decifrato secondo questa prospettiva, potrebbe essere vissuto come quel contesto dove scoprire i presupposti e i germi di una fede nuova o rigenerata dall'accoglienza libera della propria condizione esistenziale che lo rende simile a Colui che, nell'abbandono, si è 'fatto nulla' per *colmare* con la pienezza e la totalità del suo infinito amore *ogni vuoto e ogni nulla dell'uomo*[266].

Per il cristiano l'esperienza del Cristo crocifisso nel suo sentirsi abbandonato da Dio, potrebbe costituire un'occasione favorevole per penetrare di più il mistero dell'infinito amore di Dio per noi, specialmente per coloro che si considerano i più distanti da Dio. Inoltre, lo aiuterebbe a sentirsi maggiormente loro prossimo e loro fratello e, in un'ottica di fede, a scorgere nel volto di questi fratelli i tratti del volto dello stesso Cristo che, nell'abbandono, ha sperimentato la lontananza da Dio[267], identificandosi così con tutti gli abbandonati e derelitti.

Il Cristo crocifisso con la sua kenosi e con la sua umiliazione (Fil. 2,8) sino all'abbandono, *ha assunto pienamente in sé tutte le angosce, i drammi, le pene e le oscurità presenti nel cuore e nella storia di ciascun uomo.* Nello stesso tempo, le ha impregnate e plasmate di senso, trasmutandole e convertendole, in quanto superate e trascese in lui, grazie all'atto di donazione assoluta di se stesso al Padre[268].

---

[265] G.M. Zanghì, *Spunti per una teologia di Gesù Abbandonato,* in *Nuova Umanità* 102 (1995) 6, p. 13.

[266] "Il *niente* di cui è infetta la creazione è rovesciato nel *Nulla d'Amore* che è Dio e a cui è chiamata la creatura. In Gesù Abbandonato si intravede Dio nel massimo spogliamento del suo essere Dio, sino a farsi l'ultimo degli uomini, peccato e «maledizione»". *Ivi,* p.14.

[267] "Gesù Abbandonato raggiunge il peccato nella sua radice, facendosi egli stesso, Dio, lontananza di sé a sé, per abbracciare e consumare, in questo vuoto d'amore, ogni peccato e ogni lontananza". *Ivi.*

[268] "Ma qui l'Amore rivela la sua mirabile ontologia: avendo tutto dato per amore, del Padre e delle creature, il Figlio riceve tutto dal Padre nella Pasqua della risurrezione – se stesso fatto uomo alla destra di Dio, e con lui e in lui, i suoi fratelli fatti Dio". *Ivi.*

Il cristiano, allora, prendendo coscienza di tale mistero incommensurabile d'amore, potrebbe intendere questo vuoto di Dio, questo assentarsi di Dio, sperimentato dagli uomini del nostro tempo, come un'icona significativa della presenza del Cristo Abbandonato oggi. Si sentirebbe perciò, spinto dall'amore per Gesù Abbandonato, a immedesimarsi nella condizione esistenziale di questi fratelli che si sentono abbandonati e vuoti di Dio e a rivelare loro che, in realtà *non sono soli* perché stanno rivivendo la stessa esperienza del Cristo abbandonato, il quale, nell'offerta irrevocabile e piena di tutto se stesso a Dio, ha riconosciuto il volto di Dio come Padre, che appare tale proprio nell'abbandono[269].

La visione di senso di tale esperienza potrebbe essere trasmessa *nel cuore stesso dell'ateismo nichilista*, svelando che è proprio qui, nella condivisione dell'esperienza del Cristo crocifisso e Abbandonato che ci viene donata e manifestata l'immensità e la profondità infinita dell'Amore, che è Dio, l'Uno-Trino[270].

Ed è proprio nell'accadimento di una fede generata o rinnovata che l'uomo potrebbe scoprire o ritrovare l'autenticità dell'amore del Padre e sperimentare la novità di una vita corroborata dallo Spirito dell'Amore che il Padre ha voluto elargire e partecipare con noi nel Cristo Abbandonato perché "il Cristo nell'abbandono si è messo tutto dalla parte della creatura, sino in fondo, portandole la sua realtà di Dio.

---

[269] G.M.Zanghì, *Una chiave di lettura dell'ateismo dell'Europa,* in Aa.Vv, *Il problema ateismo per una comprensione del fenomeno*, p.223.

[270] "Nell'abbandono del Cristo in croce [...] si è aperto il mistero stesso di Dio nella sua intimità: Uno che è Tre. Un Uno che, lo ripetiamo, in un suo modo ineffabile è pluralità di Persone. Tre Persone che sono Uno, essendo ciascuno dei Tre l'Uno, ma tutto negli altri". *Ivi*, p.224. "Cristo, nell'abbandono sulla croce, ha in realtà compiuto lo stesso atto di abbandono al Padre che eternamente compie nel seno divino, *Verbum spirans amorem*, ma lo ha vissuto nelle condizioni storiche dell'angoscia dell'uomo, con il suo carico di peccato e di tormento. E questo tormento e quest'angoscia, questo sangue e questo peccato, sono stati assunti, e perciò redenti, perché informati ormai dall'amore del Verbo". G. Mura, *Angoscia ed esistenza. Da Kierkegaard a Moltmann. Giobbe e la «sofferenza di Dio»*, Città Nuova, Roma 1982, p.176-177

Dunque, dando alla creatura una straordinaria densità d'essere: tu veramente sei perché io, l'Essere, mi sono fatto sino in fondo a te! [...] Ma il Cristo, nell'abbandono, è anche tutto dalla parte del Padre, ne è la Parola d'amore pienamente spiegata: la creatura, dunque, è condotta al Padre, è strappata, senza perdere il proprio, verso l'Essere stesso di Dio: la divinizzazione"[271].

Il mistero di *Gesù Abbandonato,* perciò, potrebbe essere *la risposta alle esigenze di luce e d'amore dell'uomo* che oggi vive l'esperienza nichilista della post-modernità[272], impostando la sua vita come se Dio non esistesse e che si ritrova a respirare dentro un'atmosfera culturale relativista-atea.

---

[271] *Ivi,* p.223.

[272] "Il nichilismo della post-modernità è dunque caratterizzato da una profonda crisi della razionalità occidentale, dalla perdita progressiva del fondamento della verità metafisica ed etica, dalle nuove visioni scientifiche dell'universo, dall'accettazione acritica di alcune tematiche della psicologia del profondo, e da un sincretismo religioso che si fa insofferente rifiuto di ogni Chiesa di tipo istituzionale in nome di un vitalismo che rifiuta ogni codice morale precostitutito come pure ogni dogma religioso definito. Non c'è da meravigliarsi allora se l'esistenza dell'uomo-post-moderno imposti la propria vita su larghi settori «come se Dio non esistesse», e come se la Rivelazione appartenesse ad un'epoca della storia dell'umanità ormai superata dalla nuova visione sincretistica che sembra farsi garante di una concezione dell'etica religiosa capace di difendere meglio l'uomo e il suo rapporto con la natura, con gli altri e con Dio stesso." G. Mura, *Dio è Amore?Alcune riflessioni sulla cultura contemporanea,* in Aa.Vv., *Dio Amore nella tradizione cristiana e nella domanda dell'uomo contemporaneo,* Città Nuova, Roma 1992, p.183.

5. La questione bioetica

Abbiamo visto in questo nostro itinerario che è nella separazione della visione cristologica unitaria della figura di Cristo nella sua relazione con l'uomo, originata dalla interpretazione luterana e proseguita nelle filosofie cristologiche di Kant, Hegel e Nietzsche, il nucleo filosofico fontale, la scaturigine primigenia per riuscire a decodificare la cultura relativista-atea di cui è impregnata e pervasa la nostra società.

5.1 Un'antropologia autopoietica

Se il respiro della nostra cultura e della nostra società è di tipo relativista-ateo, è inequivocabile che il senso della verità non può che essere relativo-soggettivo e che la concezione veritativa è semplicemente quella autopoietica ('sono-io-che-faccio-la-verità') perché "se Dio non è, nessun assoluto è. Allora, la verità, qualunque verità non è; il pensare come pensiero-della-verità non è'"[273]). La verità in tale prospettiva coincide con *la verità dell'uomo che crea-da-sè,* - senza alcun riferimento al Dio di Gesù Cristo[274], ad un assoluto, ad una

[273] G.M. Zanghì, *Una chiave di lettura dell'ateismo occidentale,* in Aa.Vv, *Il problema ateismo per una comprensione del fenomeno*, Città Nuova, Roma 1986, p. 210.

[274] Nella dinamica esperienziale del pensare con Cristo in mezzo, col Cristo Risorto posto in reciprocità fra due o più persone, l'atto del pensare della persona in quanto tale si dà quando "considero l'altro non estraneo alla mia propria interiorità. Se il pensare è interiorità in atto, questa interiorità deve aprirsi all'altro, il quale viene accolto come altro nella mia interiorità, così che il pensare accada all'interno di questo essere-uno di me e dell'altro. Perché ciò sia, è necessario però che io e l'altro siamo inglobati in una interiorità che non sia quella mia né quella dell'altro né la «nostra» come somma delle due interiorità. Questa interiorità dalla quale nasce e nella quale deve terminare l'atto del pensare, non deve essere dunque solo mia (negherebbe l'altro nella sua alterità), ma deve pur essere mia; né solo dell'altro, ma deve pur esserlo; né nostra in un senso esteriore, deve essere autentica interiorità. Ma chiediamoci: il Cristo risorto tra noi, non è in effetti Colui che ci ingloba in Sé, nella sua interiorità *umano*-divina, in modo tale che la mia interiorità è la sua? e così l'interiorità dell'altro? E in Lui costituiamo una sola interiorità, distinti ma uniti? E' nell'interiorità del Cristo fra noi, allora, che si può compiere il pensare di cui parlo: nell'interiorità del Cristo morto e risorto che vive ormai fra gli uomini, e indica loro come va vissuto l'essere uomini. E' questo il pensare umano, se l'umano è vissuto, proprio in quanto umano, nella sua pienezza vissuta e donata dal Cristo. Nell'atto del pensare così

metafisica - tutti i valori, i valori su se stesso e la sua esistenza, quelli sul cosmo, quelli sulla vita e la morte, quelli bioetici.

Pertanto, dinanzi all'uomo tecnologico che si presenta come uomo autopoietico, ritornano in modo improrogabile *le grandi questioni sulla verità dell'uomo e del cosmo*: esiste la verità sull'uomo, sulla vita dell'uomo e del cosmo; vi sono valori fondanti la vita dell'uomo e di tutta la realtà, che stanno dentro ogni uomo? Esiste la verità in se stessa, in quanto tale? Se come dice *Pavel Florenskij* "la verità è vita, senza la verità non si può vivere. Senza la verità non c'è l'esistenza umana"[275] o come argomenta *Benedetto XVI* che "l'uomo vuole conoscere-vuole verità. Verità è innanzitutto una cosa del vedere; del comprendere, della *theoria* come la chiama la tradizione greca. Ma la verità non è mai soltanto teorica [...è], più che sapere: la conoscenza della verità ha come scopo la conoscenza del bene"[276], mi chiedo se sia possibile un'etica oggettiva per la bioetica o se invece vi debbano essere varie etiche sull'uomo che sublimano un relativismo bioetico?

---

inteso, l'altro, allora, è polo costitutivo della mia stessa interiorità, dilatata fino a comprenderlo e a farsene comprendere. In me che penso, il pensare è vissuto dunque come un darmi radicale, perché accade nella comunione con l'altro: è il pensare come atto della persona. Certo, perché il pensare accada nel modo che ho detto, è necessario che anche l'altro mi faccia spazio in sé, accogliendo il dono di me, facendolo suo, e nello stesso tempo si doni a me con un moto di ritorno che a sua volta sia spogliazione piena come il moto di andata. Il pensare rimane così un atto spirituale, interiore, ma vissuto nella dimensione delle persone *in quanto interiori l'una all'altra nel Cristo, icone create della pericoresi divina*. Allora, io pongo in atto il pensare ma in modo tale che esso è tutto dono, amore; ed è ritrovato, come non più mio nel senso che escluda l'altro ma ancora mio nella comunione con l'altro nel Cristo. Questo pensare-donando-il-pensare è il pensare della persona. Dove essa anche nel pensare, può esprimersi come amore, dono di sé". G.M. Zanghì, *Prospettive per una cultura cristiana in Europa oggi,* in *Nuova Umanità* 73 (1991), pp.88-89. E intorno al *pensare della persona come il 'pensare-donando-il-pensare'* nella dinamica esperienziale del pensare con Cristo in mezzo, col Cristo Risorto posto in reciprocità fra due o più persone, sarebbe interessante, come spunto per una ricerca futura, analizzare il tema del rapporto fra filosofia e metafisica in relazione al tema Dio-dono-amore-esistenza in J.L.Marion e il suo libro, *Dialogo con l'amore,* Torino 2007, che è la raccolta delle sue conferenze tenute a Torino nel 2006. Vedi T. Tatranský, *Un dialogo postmetafisico con l'amore,* in *Nuova Umanità* 182(2009)2, pp. 321-324.

[275] P.A. Florenskij, *Non dimenticatemi. Le lettere dal gulag del grande matematico, filosofo e sacerdote russo*, Mondadori, Milano 2006, p. 390.

[276] Benedetto XVI, *Allocuzione per l'incontro all'università 'La Sapienza',* in *http:// www.zenit.it* del 16.1.2008.

Abbozzo qui alcune brevi riflessioni di ricerca bioetica che nascono dalle conclusioni delineate sopra, studiando le interpretazioni filosofico-cristologiche nate nell'ambito della riforma luterana e ponendo in risalto le connotazioni culturali dell'oggi relativistico-ateistico. Tali forme culturali, che si esplicitano come ateismo implicito, si declinano a livello bioetico in ermeneutiche antropologiche di tipo socio-biologista, liberal-radicale, utilitarista che hanno come sorgente comune una visione antropologica dell'uomo-che-si-fa-da-sè, un'antropologia autopoietica e quindi un'interpretazione antropologica della realtà esistenziale decisamente relativistica-ateistica.

Come figura di riferimento e di sintesi di tale processo storico-culturale accennerò al pensiero filosofico di P.A.D. Singer e cercherò di sostenere che può darsi un'etica oggettiva per la bioetica se tale etica si fonda sulla verità dell'essere nella prospettiva del principio della responsabilità sociale che riguarda sia il presente e sia il futuro.

5.2 La bioetica dell'ateismo fondato nella fede

Ripeto le tesi sugli ateismi già scritte nell'introduzione e cioè che se riflettiamo sulla forma di ateismo fondato nella fede, che ha come referente la filosofia cristologica kantiana, possiamo sostenere che, a causa della scissione tra i valori della fede e quelli della ragione, il giudizio in bioetica si svilupperà ignorando Dio, in quanto *Dio non può dirmi assolutamente nulla per le mie scelte bioetiche*: Dio è solo un'a-priori nella fede, distante dalla mia vita. Come si diceva, secondo Kant "dalla dottrina della Trinità, presa alla lettera, non è assolutamente possibile trarre nulla per la pratica, anche se si credesse di comprenderla, tanto meno poi se ci si accorgesse che essa supera ogni nostro concetto"[277].

5.3 La bioetica dell'ateismo fondato nella ragione

Se guardiamo invece la declinazione dell'ateismo fondato nella ragione, che ha come paradigma particolarmente indicativo, la filosofia cristologica hegeliana, nella quale la fede viene annullata dalla ragione, anche qui *Dio non c'entra niente con le mie scelte bioetiche*. Le mie scelte bioetiche si danno solo a livello di ragione per cui il principio prioritario per il mio cammino di riflessione bioetica non sarà Dio ma 'il principio di beneficenza', secondo il quale l'autorità per le azioni che interessano altri, in una società laica e pluralistica[278], scaturisce dal libero assenso di coloro che vi sono implicati nello spazio di una razionalità dell'autonomia[279], che è la condizione necessaria e sufficiente di possibilità affinché il consenso possa darsi.

5.4 La bioetica dell'ateismo fondato nel nulla dell'essere

Per la forma di ateismo che trova ispirazione dal pensiero filosofico-cristologico nietzschiano, l'ateismo fondato nel nulla dell'essere, nelle mie esperienze bioetiche sono chiamato ad andare al di là di qualsivoglia riferimento (*Dio non si dà perché mi limiterebbe come creatore di valori*) perché, solo in questa solitudine creativa, potrò generare un

[277] E. Kant, *Il conflitto delle facoltà,* A. Poggi (a cura di), Ed. Magistero, Genova 1953, p. 47.
[278] Leonardo Verga, *Valori morali e stato laico,* in Aa.Vv., *Il Valore,* Editrice Libreria Gregoriana, Padova 1984, pp.27-41.
[279] F. Turoldo, *Bioetica e reciprocità. Una nuova prospettiva sull'etica della vita*, Città Nuova, Roma 2003, pp. 44-56.

discernimento veramente bioetico. Sarò io il creatore dei riferimenti assiologici bioetici nella massima ricerca espressiva della mia libertà e della mia volontà di dominio sulla natura e sulla vita perché è l'uomo "la misura di valore delle cose"[280].

Queste modalità culturali del pensiero relativista-ateo si traducono a livello socio-antropologico in alcuni modelli oggi predominanti nell'ambito della ricerca bioetica[281].

5.5 Il modello socio-biologista

Incominciamo col modello socio-biologista[282] il quale sostiene che come c'è stata l'evoluzione delle varie forme di vita con un adattamento progressivo in natura alle situazioni ambientali insieme ad un conseguente progressivo miglioramento della qualità della vita, così, in base a tale criterio, anche le società si evolvono. In questo contesto i valori di riferimento cambiano[283], si modificano in quanto *la verità* sull'uomo si pone come una realtà *fluida e in movimento*; non può

---

[280] F.W. Nietzsche, *La Gaia Scienza. Idilli di Messina*, S. Giametta (a cura), BUR, Milano 2015[5], p. 317.

[281] F. Pasqual, *Modelli di bioetica*, Edizioni ART, Roma 2007, pp. 7-37; G. Fornero, *Bioetica cattolica e bioetica laica,* Bruno Mondadori, Milano 2005, pp.14-21; D. Tettamanzi, *Nuova Bioetica Cristiana,* Piemme, Casale Monferrato (AL) 2000[2], pp.31-36; M. Aramini, *Bioetica per tutti,* Paoline, Milano 2006, pp. 31-42; Idem, L*a procreazione assistita,*Paoline, Milano 2006, 92-113; C. Zuccaro, *Bioetica e valori nel postmoderno,* Queriniana, Brescia 2003, pp.117-135.

[282] "Secondo questo modello il mondo viene concepito come un insieme di realtà dinamiche, in continua evoluzione. A questa luce, non esistono realtà «eterne» né forme viventi che abbiano un diritto speciale di esistere al di sopra di altre forme di vita. Il fatto di sopravvivere segue le leggi (casuali) della lotta che le diverse forme di vita conducono per affermare la continuità dei geni della propria specie". F. Pascual, *Modelli di Bioetica,* Edizioni ART, Roma 2007, p.15. Infatti "l'uomo, come qualunque altro animale, ha senza dubbio progredito fino alla sua condizione attuale mercé una lotta per l'esistenza, frutto del suo rapido moltiplicarsi, e se egli deve progredire ed elevarsi ancora di più, deve andar soggetto ad una dura lotta [...]. Vi deve essere aperto pieno contrasto per tutti gli uomini; e le leggi e i costumi non debbono impedire i più abili dal riuscire meglio e dall'allevare un numero più grande di figli". C. Darwin, *L'origine dell'uomo e la scelta in rapporto col sesso,* cit. in F. Pascual, *Modelli di Bioetica,* p.16.

[283] Infatti "per quanto riguarda l'etica, diventa chiaro che [...] non dovrebbero esistere valori perenni: l'etica e il diritto dipendono da quello che le circostanze esigono per garantire la riuscita nella ricerca della sopravvivenza delle diverse specie animali". *Ivi.*

esistere perciò Dio come un assoluto di riferimento nella mia ricerca assiologica della verità bioetica.

5.6 Il modello liberal-radicale

C'è il modello liberal-radicale, il quale si ispira alla realtà culturale dell'interpretare e del vivere la vita nel modo del cosiddetto 'pensiero debole' in cui il principio dell'autonomia[284] ispira l'agire e, dove tale criterio esistenziale è posto quale limite dall'altro uomo nella sua libertà. *Libertà* colta in maniera soggettivistica come *valore fondante* la vita, dove è lecito tutto quanto è liberamente voluto senza ovviamente ledere l'altrui autonomia di pensiero e di prassi.

E' chiaro allora che nell'etica pubblica, espressione della dinamica della libertà individuale e sociale, la pretesa di rapportarsi a *Dio*, quale interlocutore primario circa la verità in prospettiva oggettiva[285] *non si può legittimare* perché "il nucleo centrale del dissenso tra posizione religiosa e posizioni laiche (al plurale) nella definizione dell'etica pubblica sta nel coinvolgimento di "verità" che sono assolute e/o "naturali" e di riferimenti trascendenti – incompatibili con le argomentazioni laiche che, comunque formulate, si giustificano in termini di immanenza" [286]

---

[284] Circa il principio di autonomia in tale orizzonte, rimando a G. Fornero, *Bioetica cattolica e bioetica laica*, pp.81-82; F. Turoldo, *Bioetica e reciprocità. Una nuova prospettiva sull'etica della vita*, pp.48-52; C. Zuccaro, *Bioetica e valori nel postmoderno*, pp. 162-169.

[285] Parlo di 'verità in prospettiva oggettiva' nel senso dell'esser-uno-*della verità*, quale unità-di-verità in quanto la verità oggettiva si pone a fondamento *delle verità* nel senso del più-in-distinzione. Il reale allora si dà come reale-di-verità-uno-distinto cioè secondo modalità uno-trinitarie, uno-distinte che ritroviamo confermate appunto dal/nel reale stesso.

[286] G.E. Rusconi, *laicità ed etica pubblica*, in G. Boniolo, *Laicità. Una geografia delle nostre radici*, Einaudi, Torino 2006, p.47. Non è questa la sede ma sarebbe interessante indagare la relazione fra Dio-ragione-laicità in quanto il volto di Dio rivelato da Cristo è Amore e parimenti Ragione e in quanto ragione laicità; anzi la ragione si dà in laicità perché fondata in Dio, che è la Ragione in quanto Logos. Vedi anche G. Savagnone, *Dibattito sulla laicità*, Leumannn (TO), LDC 2006. Sempre in tale orizzonte sul significato della questione sulla laicità riporto un brano di S. Natoli che dice che "quando noi impieghiamo la parola laico la usiamo,

5.7 Il modello utilitaristico

C'è il modello utilitaristico[287] dove il principio base è determinato dall'*utilità della scelta individuale* e che si riassume nel massimizzare il piacere e minimizzare il dolore, ampliando il più possibile le libertà del soggetto.

Questa modalità ermeneutica presuppone una libertà di tipo assoluto, svincolata da Dio, di tipo radicale e nichilista, che si basa sulla libertà, posta appunto in senso assolutizzato "*sulla libertà, intesa come valore unico assoluto*. In ultima analisi il bene non è dato da «ciò» che l'uomo compie, bensì tutto e solo da «come» l'uomo lo compie o non compie: dove il «come» coincide con il «liberamente». Così è *moralmente lecito tutto ciò che l'uomo compie liberamente*. L'unico valore esistente è la libertà; per questo la libertà diventa la norma"[288].

La libertà si pone perciò per l'individuo come un dato di diritto e come una libertà di tipo assoluto in quanto la libertà "per l'aspetto che riguarda soltanto lui, la sua indipendenza è, di diritto, assoluta. Su se

---

quindi, in un'accezione precisa che è quella propria della rottura moderna, della confutazione dall'autorità, della messa in questione se vi debba essere qualcuno che faccia da intermediario tra Dio e gli uomini, tra il Vangelo e la salvezza [...] ma la *critica del libero esame* (corsivo mio) passa poi alla messa in questione di ogni autorità, chiede a ogni potere di mostrare le ragioni della sua legittimità [...] chi non professa nessuna religione positiva non è detto che non viva religiosamente i rapporti umani. Per intenderci, ricordo qui la celebre formula di Spinoza che all'*homo homini lupus* di Hobbes oppone l'*homo homini deus*. Il modo di rapportarsi degli uomini tra di loro può essere pensato come «legame sacro» e perciò nei termini di un *religare*. Per quanto la cosa possa sembrare strana, vi può dunque essere un clericale non credente e un laico religioso che pensa e vive le relazioni tra gli uomini nel segno del rispetto e della reciprocità". S. Natoli, *Farsi laici avendo cura dell'altro,* in Avvenire 2.4.2009, p.30.

[287] Qui non posso non citare Jeremy Bentham (1748-1832), il quale, tematizzando il concetto di interesse, intende l'utilità come "quella proprietà per mezzo della quale esso tende a produrre beneficio, vantaggio, piacere, bene o felicità (in questo contesto tutte queste cose si equivalgono) oppure ad evitare che si verifichi quel danno, dolore, male o infelicità (di nuovo tutte queste cose si equivalgono) per quella parte il cui interesse si prende in considerazione [...] per principio di utilità si intende quel principio che approva o disapprova qualunque azione a seconda della tendenza che essa sembra avere ad aumentare o diminuire la felicità della parte il cui interesse è in questione; o, che è lo stesso concetto in altre parole, a seconda della tendenza a promuovere tale felicità o a contrastarla". J. Bentham, *Introduzione ai principi della morale e della legislazione,* Utet, Torino 1998, pp.90-91.

[288] D. Tettamanzi, *Nuova bioetica cristiana*, p.32.

stesso, sulla sua mente e sul suo corpo, l'individuo è sovrano"[289] e dove la relazione con Dio non trova spazio.

5.8 P.A.D. Singer

Figura emblematica di queste modalità ermeneutiche antropologiche che hanno radici atee in senso relativista[290], come una declinazione dell' ateismo implicito in bioetica è P.A.D. Singer[291].

Secondo Singer, a livello antropologico, *l'uomo non si può considerare superiore rispetto agli altri animali*. Non esiste una differenza intrinseca

[289] Continuatore delle idee di Bentham fu J.S.Mill (1806-1873), il quale, parlando del rapporto tra Stato e libertà individuale affermava che lo Stato non può intromettersi nella libertà dell'individuo, nemmeno nel caso lo Stato voglia imporre un suo presunto bene oggettivo, ma ciò può avvenire "solo per impedire danni a terzi". F. Turoldo, *Bioetica e reciprocità*, p.49. Così dice Mill sul Saggio sulla libertà del 1859: "L'umanità è giustificata, individualmente o collettivamente, a interferire sulla libertà d'azione di chiunque soltanto al fine di proteggersi: il solo scopo per cui si può legittimamente esercitare un potere su qualunque membro di una comunità civilizzata, contro la sua volontà, è per evitare danno agli altri: Il bene dell'individuo, sia esso fisico o morale, non è una giustificazione sufficiente. Non lo si può costringere a fare o non fare qualcosa perché è meglio per lui, perché lo renderà più felice, perché, nell'opinione altrui, è opportuno o perfino giusto: questi sono buoni motivi per discutere, protestare, persuaderlo o supplicarlo, ma non per costringerlo o per punirlo in alcun modo nel caso si comporti diversamente. Perché la costrizione o la punizione siano giustificate, l'azione da cui si desidera distoglierlo deve essere intesa a causar danno a qualcun altro. Il solo aspetto della propria condotta di cui ciascuno deve rendere conto alla società è quello riguardante gli altri: per l'aspetto che riguarda soltanto lui, la sua indipendenza è, di diritto, assoluta. Su se stesso, sulla sua mente e sul suo corpo, l'individuo è sovrano". J.S.Mill, *Saggio sulla libertà,* Saggiatore, Milano 1981, pp.32-33. In tale prospettiva troviamo l'economista J.M. Keynes (1883-1946) che con le sue idee influenza i "presupposti sanitari e gli studi per bilanciare costi e benefici, anche nell'agire medico" F. Pascual, *Modelli di bioetica*, p.25. Una caratteristica della bioetica utilitarista nel suo discernimento etico è il profitto. "Così la vita umana è condizionata da parametri di tipo economico che conducono a politiche di sterilizzazione, di contraccezione e persino di aborto[...]dietro il proliferare di tecniche di fecondazione artificiale, di contraccezione, di pillole abortive, si nascondono forti interessi economici". M. Aramini, *Bioetica per tutti,* p.32.

[290] Per cui è impossibile "formulare giudizi morali oggettivi, assoluti e universalmente validi da tradurre in norme morali che dovranno essere seguite nell'attuazione di ogni azione simile, in qualsiasi epoca storica ed in qualsiasi area geografica". Allora "si può capire facilmente quanto sia pericolosa l'assunzione di una posizione etico-normativa di tipo relativistico in bioetica. Proprio perché in questo ambito dell'agire umano si ha a che fare col valore della vita e con valori come quello della salute, l'assunzione di una simile teoria significherà affermare non solo la liceità di qualsiasi comportamento morale, ma anche la radicale impossibilità di esprimere giudizi morali su di esso". S. Privitera, *Relativismo,* in S. Leone-S. Privitera (edd.), *Nuovo Dizionario di Bioetica,* Città Nuova-ISB, Roma-Acireale 2004, p.997 e p.998.

[291] Peter Albert David Singer, nato a Melbourne il 6 luglio 1946 è un filosofo e saggista. Pioniere e corifeo del movimento dei diritti degli animali, con le sue tesi ha molto influenzato l'ambito etico, mettendo al centro del suo pensiero filosofico l'uguaglianza tra uomo e animale.

tra gli uomini e gli animali perché Darwin "ci insegnò che anche noi siamo animali e abbiamo la stessa origine naturale degli animali [...]. Con la demolizione del mito ebraico della creazione, veniva minata anche l'idea che gli esseri umani fossero frutto di un atto creativo speciale da parte di Dio e potessero considerarsi la sua immagine vivente"[292]. Bisogna perciò *superare l'antica etica sulla sacralità della vita* perché "è giunto il momento per un'altra rivoluzione copernicana. Sarà, ancora una volta, una ribellione contro un complesso di idee che noi abbiamo ereditato dall'età in cui il mondo intellettuale era dominato da una *prospettiva religiosa*"[293].

E' il fondamento religioso che deve essere perciò colpito e eliminato dall'orizzonte intellettuale e dal pensiero filosofico. E come? Si tratta di sostituire la presenza di Dio con il suo nulla come paradigma ermeneutico sorgivo per l'elaborazione di questa nuova etica. Allora, su questa *assenza di Dio come referente del discernimento etico*, si devono riscrivere i vecchi comandamenti sulla sacralità della vita convertendoli in nuovi. Ecco la *sinossi tra i vecchi e i nuovi*: "Primo comandamento antico: tratta tutte le vite umane come dotate di ugual valore. Primo comandamento nuovo: riconosci che il valore della vita umana varia. Secondo comandamento antico: non sopprimere mai intenzionalmente una vita umana innocente. Secondo comandamento nuovo: assumiti la responsabilità delle conseguenze delle tue decisioni. Terzo comandamento antico: non toglierti mai la vita e cerca sempre di evitare che lo facciano gli altri. Terzo comandamento nuovo: rispetta il desiderio delle persone di vivere e di morire. Quarto comandamento antico: crescete e moltiplicatevi. Quarto comandamento nuovo: metti al

[292] P.A.D. Singer, *Ripensare la vita,* Saggiatore, Milano 2000², p.176.
[293] *Ivi*, p.193.

mondo dei bambini solo se desiderati. Quinto comandamento antico: tratta ogni vita umana come invariabilmente più preziosa di ogni vita non umana. Quinto comandamento nuovo: non operare discriminazioni sulla base della specie"[294].

Quest'ultimo comandamento nella sua espressione antica genera come conseguenza diretta la nascita di un potere razzista degli uomini nei confronti degli animali, cioè uno *"specismo" umano* di cui bisogna assolutamente liberarsene[295]. E' evidente che se non c'è differenza tra uomo e animale, anzi che bisogna liberare gli animali dal giogo umano significa "che è venuto il momento di proporre un'idea nuova. Estendere la comunità morale oltre gli esseri umani, fino ad includere scimpanzé, gorilla e oranghi"[296]. Anzi, secondo tale prospettiva filosofica "un bambino di una settimana non è un essere razionale e autocosciente, ed esistono molti animali non umani la cui razionalità, autocoscienza, consapevolezza, sensibilità e così via, *sono superiori a quelle di un bambino umano, anche di un mese di età*[297]. Se il feto non ha lo stesso diritto alla vita di una persona, allora ne deriva che neanche il neonato ha questo diritto, e che la vita di un neonato ha meno valore per lui stesso di quanto la vita di un maiale, di un cane, di uno scimpanzé"[298].

Questa visione etica della superiorità dell'animale sulla vita di un neonato presuppone che il feto nell'utero materno non sia una persona creata e voluta da Dio e quindi neanche il neonato, incapaci ambedue di razionalità, autocoscienza, consapevolezza, sensibilità; per cui *sia il feto sia il neonato nei confronti dell'animale sono considerati inferiori.*

---

[294] *Ivi*, pp.194-195.
[295] P.A.D. Singer, *Liberazione animale,* Mondadori, Milano 1991[2].
[296] P.A.D. Singer, *Scritti su una vita etica,* Saggiatore, Milano 2001, p.102.
[297] Corsivo mio.
[298] *Ivi*, p.126.

Partendo quindi dal principio che Dio non si dà, è assente, l'uomo sia come feto sia come neonato si pone rispetto all'animale come inferiore. In altri termini, se *l'uomo è un animale*, nel senso che non è una persona dotato di un'anima spirituale, in quanto per avere un atto di creazione spirituale umana bisogna presupporre l'atto di un Dio-Spirito-creatore, chi garantisce che l'uomo sia superiore alla gallina? "Forse una gallina non ha il senso dell'esistenza e del tempo [...] ma i bambini appena nati non hanno il senso dell'esistenza e del tempo. Così uccidere un bambino appena nato ***(poco importa se disabile o meno)***[299] non equivale mai ad uccidere una persona, vale a dire un essere che vuole continuare a vivere"[300].
E' interessante notare quel "poco-importa se-disabile-o-meno" perché specifica una visione antropologica che include sia la normalità fisica sia quella non perfettamente normale. Infatti, Singer su tali basi filosofiche-antropologiche ha proposto logicamente "la soppressione dei neonati disabili, affetti da sindrome di Down; ha richiesto l'utilizzo di embrioni e di comatosi come cavie per sperimentare nuovi farmaci al posto degli animali; ha suggerito l'impiego di neonati anencefalici come magazzini di organi; ha raccomandato l'eutanasia attiva per i malati terminali"[301].
Queste idee sono entrate nell'opinione pubblica occidentale che le ha fatte sue in quanto plasmata e permeata da una mentalità atea-relativista; siano state tradotte in *codificazioni legislative palesemente contro la vita umana, specie quella prenatale;* e in una visione culturale che sta gradualmente modificando l'idea stessa di cosa sia l'uomo e la sua vita[302]

[299] Corsivo e grassetto mio.
[300] *Ivi*, p.350.
[301] A. Gaspari, *Animalismo,* in *Sì alla vita*, 2 (1999) pp.31-34.
[302] I. Sanna, *L'identità aperta. Il cristiano e la questione antropologica,* Queriniana, Brescia 2006, in particolare la parte "Dall'uomo creatura all'uomo biotecnologico", pp. 162-188.

e dove "la maggioranza, ancora non se n'è accorta, ma sta avendo luogo una mutazione del concetto di uomo, soprattutto in virtù delle applicazioni della tecnoscienza"[303].

Dinanzi a questa deriva antropologico-filosofica, si tratta di riflettere di più e con più perspicacia sul significato che ha avuto e ha *l'incarnazione di Dio in Cristo* perché "soltanto con l'affievolirsi del Cristianesimo è divenuta problematica anche l'umanità"[304] in quanto "in Gesù Cristo giunge al suo vertice e compimento l'unione dell'uomo con Dio e in tal modo la dignità intrinseca di ogni essere umano ottiene il suo riconoscimento più alto"[305].

Allora, in un'ottica di una maggior e più profonda coscientizzazione sull'incarnazione di Dio in Cristo, risulta necessario mettere a fuoco il senso della *categoria della responsabilità* per la salvaguardia della dignità umana, specialmente in rapporto allo sviluppo delle biotecnologie.

Oggi in cui le possibilità di interventi biotecnologici sulla natura e sul corpo dell'uomo si dilatano al punto da coinvolgerlo, non solo sulle conseguenze più vicine ma anche su quelle che riguardano la vita delle generazioni future, il concetto di responsabilità[306] è diventato la *categoria ermeneutica dell'etica*, come se moralità e responsabilità si declinassero insieme in termini sinonimici, e ciò perché è stata posto al centro della riflessione morale il soggetto umano nelle sue modalità di razionalità pratica, cioè come agente principale della sua libertà di discernimento etico in relazione all'altro[307].

---

[303] C. Ruini, *Progetto educativo contro l'eclissi dell'uomo*, in Avvenire, 28.3.2009, p.30.

[304] K. Löwith, *Da Hegel a Nietzsche. La frattura rivoluzionaria nel pensiero del secolo XIX,* Einaudi, p.482, cit. in C. Ruini, *Progetto educativo contro l'eclissi dell'uomo.*

[305] *Ivi.*

[306] G.Piana, *L'agire morale tra ricerca di senso e definizione normativa,* Cittadella, Assisi 2001, pp. 109-159.

[307] *Ivi*, pp.127-133. Sul fondamento relazionale della moralità, G. Piana, *«Figure» di un'etica della responsabilità*, in Aa.Vv, *Domande di etica*, in *Hermeneutica*, Morcelliana, Brescia 2001, 134-139. F. Riva,

Infatti, oggi a livello di manipolazioni biologiche, l'uomo esercita un potere di dominio su se stesso e sul futuro degli uomini, intervenendo, sulla vita sia nel suo inizio sia nel suo sviluppo. L'uomo si pone, secondo una prospettiva antropologica autopoietica, come il creatore della sua vita e di quella degli altri, col rischio di non riuscire a giudicare serenamente e a controllare poi le possibili e drammatiche conseguenze provocate dal suo agire onnipotente sulla vita. Ci sono, da una parte, le immani e sconosciute opportunità di azione sulla terra e sul corpo umano; dall'altra il futuro del mondo e il destino dell'uomo sono sempre più dipendenti, in modo cruciale e definitivo, dall'intervento dell'uomo.

5.9 Dal principio di responsabilità all'etica come responsabilità

Si capisce allora quanto la responsabilità umana sia interpellata a confrontarsi con i caratteri di imprevidibilità, all'interno di un contesto di rischio costantemente vicino e, nello stesso tempo, sia chiamata ad accogliere umilmente la propria autolimitazione, che porta ad una riduzione delle esigenze immediate in nome del rispetto delle necessità a favore delle generazioni future[308].

Dinanzi a una situazione sociale plurale e culturalmente diversificata e variegata del mondo[309], l'esercizio concreto del principio di

L'alterità, presupposto della relazione, in Aa.Vv, *La relazione nella vita umana*, Edizioni Rezzara, Vicenza 2005, 9-34.

[308] H. Jonas, *Il principio responsabilità. Un'etica per la civiltà tecnologica*, P.P. Portinaro (a cura di), Einaudi, Torino 1990. F. Miano, *Responsabilità*, Guida, Napoli 2009, pp.111-134.

[309] E. Schockenhoff, *La sfida del* pluralismo, in Aa.Vv. *Etica teologica nella Chiesa universale, Atti del primo congresso interculturale di teologia morale,* J.F. Keenan (a cura di), EDB, Bologna 2009, pp.303-313. G. Dal Ferro, *Vivere nel pluralismo: eguaglianza e diversità*, in Aa.Vv, *La relazione nella vita umana*, Edizioni Rezzara, Vicenza 2005, pp. 9-34; U. Bernardi, *Molte culture e processi di integrazione*, in *Ivi*, pp.51-60.

responsabilità diventa veramente una *realtà complessa*[310], ma si pone sostanzialmente, come relativo all'effettiva capacità dell'uomo di cogliersi come soggetto cosciente di reale discernimento morale[311].

Prima di tutto questo *discernimento etico* si indirizza verso l'uomo stesso, soggetto di responsabilità, nel rispetto della sua identità personale, cioè di quell'essere-se-stesso, nelle sue coordinate psico-fisiche, protese verso un'autentica realizzazione teleologica del suo essere come un 'è-che-é-in-fieri'; in altri termini questo giudizio morale deve esplicitarsi e *fondarsi su di una metafisica* in quanto in ogni etica "è insita tacitamente una metafisica"[312].

Ogni scelta individuale poi va al di là di se stessa, coinvolge altre persone[313], per cui la responsabilità personale si colloca in vista 'di-sè-e fuori-di-sé', verso una reale interazione tra le persone, basata su una "sorta di ontologia relazionale [...] fondamento di un agire morale, che trae origine dal confronto interpersonale e i cui parametri vanno commisurati alla capacità di promuovere forme sempre più intense di interpersonalità"[314].

In questo senso questa responsabilità allarga il suo sguardo, tenendo conto dell'attuale contesto tecnico, verso un futuro non prevedibile, dove anche la paura di una catastrofe radicale e globale può ispirare risposte di ricerca più equilibrate dal punto di vista etico.

---

310 C. Zuccaro, *Bioetica e valori nel postmoderno. In dialogo con la cultura liberale,* Queriniana, Brescia 2003, pp. 206-210. G. Coccolini, *Responsabilità,* in *Rivista di Teologia Morale* 101 (1994) pp. 141-159.

311 A. Holderreger, *Responsabilità,* in J.P. Wils-D.Mieth (edd.), *Concetti fondamentali dell'etica cristiana,* Queriniana, Brescia 1994, pp. 264-267.

312 H. Jonas, *Il principio responsabilità. Un'etica per la civiltà tecnologica*, p.56.

313 L'uomo, infatti si dà in relazione, si coglie "*come soggetto di e in relazione,* cioè come soggetto che si autocomprende e si autorealizza soltanto in una rete di rapporti all'interno dei quali ricupera la propria identità". G. Piana, *«Figure» di un'etica della reponsabilità,* in Aa.Vv., *Domande di etica*, in *Hermeneutica,* Morcelliana, Brescia 2001, p.135.

314 *Ivi.*

Questa etica della responsabilità futura dovrà avere come referente una metafisica che è la dottrina della verità dell'essere in quanto "il principio etico «obbliga sulla base di un dovere primario dell'essere contro il nulla», il che poi implica anche il dovere dell'umanità di conservare la propria esistenza, comprese le condizioni ambientali e cosmiche. *Il valore diventa bene solo se fondato nell'essere.* In qualche modo viene ricuperato anche un principio teleologico, nel senso che se nell'essere ci sono degli scopi, il che poi appare nella realtà di esperienza, allora esso non è indifferente rispetto a se stesso ma si afferma contro il nulla, ed è quindi il primo dei valori"[315].

Nella realtà di esperienza questa responsabilità morale, fondata sulla *verità dell'essere, quale primo dei valori*, in vista del bene dell'umanità, si dà nella relazione dell'io con l'alterità, che può esplicitarsi grazie all'accadimento che è altro da me in quanto figura di Cristo o in quanto altro uomo. Nell'Etica di *D.Bonhoeffer* questa alterità di responsabilità si delinea, per il cristiano, come un farsi carico degli altri in senso cristologico. Al centro di questo modello ermeneutico di responsabilità c'è la persona e l'agire di *Cristo* in quanto la responsabilità per un cristiano si connota come una risposta e un impegno globale in riferimento a Gesù Cristo[316], secondo la *categoria della sostituzione* vicaria, grazie alla quale si può intuire che «ogni vita umana è attraverso di lui essenzialmente una vita vicaria [...]. La responsabilità intesa come vita e come azione vicaria è sostanzialmente un rapporto da persona a persona[317]. Ma questa assunzione vicaria del destino dell'altro non

---

[315] P. De Vitiis, *La morale tra postilluminismo e postmodernità,* in Aa.Vv., *Domande di etica,* in *Hermeneutica*, Morcelliana, Brescia 2001, p.214-215.
[316] F. Miano, *Responsabilità*, Guida, Napoli 2009, pp.75-85.
[317] D. Bonhoeffer, *Etica,* Queriniana, Brescia 1995, pp. 225-226 e ss.

significa però sostituirsi alla sua responsabilità; piuttosto vuol dire favorirla, provocarla.

Sulla scia della responsabilità per altri come sostituzione[318], troviamo *E. Lévinas*[319] che pone la nozione di *responsabilità come centro dell'imperativo etico*[320], dove *l'etica si pone come metafisica* nel senso che viene prima dell'ontologia in quanto "la relazione con l'ente che si esprime preesiste allo svelamento dell'essere in generale, come base della conoscenza e come senso dell'essere; il piano etico preesiste al piano ontologico"[321]; e dove la relazione con l'altro è originariamente etica perché "l'infinito si apre l'ordine del Bene"[322]. Lévinas inverte radicalmente la visione della relazione con l'altro, dove di solito si inizia partendo dal proprio punto di vista; si tratta invece, di *procedere dall'altro* perché "l'infinito è il carattere proprio di un essere trascendente in quanto trascendente, l'infinito è assolutamente altro"[323]; perciò la struttura fondamentale del rapporto etico si pone come "l'essere-per-altri"[324].

318 "Sostituzione come soggettività stessa del soggetto, interruzione dell'identità irreversibile dell'essenza all'interno dell'incarico che mi incombe senza possibilità di rinuncia e dove l'unicità dell'io assume soltanto un senso: dove non è più questione dell'Io, ma di me [...]. In effetti l'identità del soggetto dipende qui dall'impossibilità di sottrarsi alla responsabilità, alla presa su di sé dell'altro[...]. Sostituzione dell'uno all'altro-io, uomo-non sono una transustanziazione, mutazione di una sostanza in un'altra;[..] (ma) rottura dell'identità-questa mutazione dell'essere in significazione, cioè in sostituzione-è la soggettività del soggetto o la sua soggezione a tutto, la sua suscettibilità, la sua vulnerabilità, cioè la sua sensibilità". E. Lévinas, *Altrimenti che l'essere o al di là dell'essenza*, Jaca Book, Milano 2006, pp.18-19.

319 F. Miano, *Responsabilità*, Guida, Napoli 2009, pp.100-109.

320 Per un approfondimento della relazione dall'etica *della* responsabilità all'etica *come* responsabilità: "L'etica della responsabilità si pone come valutazione, l'etica come responsabilità è giustificazione [...] nell'etica della responsabilità abbiamo ancora la centralità dell'identità dell'io [...] portatore della responsabilità; nell'etica come responsabilità c'è il senso di irrecusabilità che rende il soggetto secondario nella sua primogenitura di «eletto»". E. Baccarini, *Lévinas. Soggettività e infinito,* Edizioni Studium, Roma 1985, pp.164-165. F. Rossi, *Figure della «responsabilità per altri» in Emmanuel Lèvinas,* in Aa.Vv., *Domande di etica*, in *Hermeneutica* 2001, Morcelliana, Brescia 2001, pp.176-181.

321 E. Lévinas, *Totalità e Infinito,* Jaca Book, Milano 2006, p. 206.

322 *Ivi*, p.105.

323 *Ivi*, p.47.

324 *Ivi*, p. 297ss. "Ed è nella responsabilità assoluta per l'altro che si sperimenta l'impossibilità di essere sostituito. Non c'è nessuno che possa prendere il mio posto, la singolarità diventa qui unicità". F. Miano, *Responsabilità*, Guida, Napoli 2009, pp.106.

E' a partire perciò, dall'altro che la libertà propria riceve la sua definizione e il suo statuto, nel senso che "nella responsabilità per altri, per la vita e per la morte, assumono il loro senso gli aggettivi- incondizionale, indeclinabile, assoluto- che servono a qualificare la libertà [...] in una responsabilità infinita in cui l'altro non è altro perché urta e limita la mia libertà, ma in cui egli può accusarmi fino alla persecuzione poiché l'altro, assolutamente altro, è altri"[325]. Per tale motivo il cuore dell'etica è la la responsabilità, perché la *relazione* con l'altro, piuttosto che reciproca è *asimmetrica*, nel senso che il rapporto Io-Tu è interpretato a partire dall'altro e non da se stessi. "Ciò che mi permetto di esigere da me stesso non ha paragoni con ciò che sono in diritto di esigere da Altri. Questa esperienza morale, così banale, indica un'asimmetria metafisica: l'impossibilità di vedersi dall'esterno e di parlare nel medesimo senso di sé e degli altri"[326]. Perciò la propria realizzazione è colta partendo dall'altro e dalla risposta ai suoi bisogni per cui, in ultima analisi, è proprio *questa responsabilità per la sua storia a precedere e a presiedere ogni decisione libera dell'uomo*[327]. E' responsabilità "illimitata" "per le colpe e la disgrazia degli altri","responsabilità che risponde della libertà d'altri"[328], e in tale spazio di responsabilità etica l'uomo costruisce il suo discernimento morale perché "il fatto che, esistendo per altri, esisto diversamente che non esistendo per me, costituisce proprio la moralità"[329].

[325] E. Lévinas, *Altrimenti che essere*, pp.156-157.
[326] E. Lévinas, *Totalità e Infinito,* pp.51-52.
[327] "Lévinas ravvisa, infine, nella responsabilità per altri il principio di individuazione e di identificazione dell'io, evidenziandone il carattere di inalienabilità. Il peso di una responsabilità che «mi incombe in modo esclusivo e che, *umanamente,* io non posso rifiutare» definisce, per Lévinas, la «suprema dignità» della mia realtà di «unico». Per questo, io non sono «inter-cambiabile», ma «sono io nella misura in cui sono responsabile. Io posso sostituirmi a tutti, ma nessuno può sostituirsi a me. Questa è la mia inalienabile identità di soggetto»". F.Rossi, *Figure della «responsabilità per altri» in Emmanuel Lèvinas,* in Aa.Vv., *Domande di etica*, p.161.
[328] E. Lévinas, cit. in F.Rossi, pp.174-175.
[329] E. Lévinas, *Totalità e Infinito,* p. 268.

Conclusione

Alla conclusione di questa ricerca intorno al legame tra l'interpretazione filosofico-cristologica in Lutero, Kant, Hegel, Nietszche e i presupposti speculativi per una comprensione dell'attualità bioetica possiamo dire che su tali basi teoretiche si è delineata un'*antropologia filosofica* che abbiamo chiamato *autopoietica*, nel senso che l'arbitrio dell'uomo "non ha alcun valore da rispettare"[330], in quanto il fondamento di tale antropologia si pone come una realtà relativista ossia come una realtà di ateismo implicito. L'uomo però non può non decidere nella vita, nel suo discernimento in bioetica perché "nell'etica non si può eludere la questione decisiva sul bene. Infatti, le posizioni relativistiche e nichiliste possono essere sostenute nei discorsi, nei libri, ma non possono essere vissute, poiché spesso nella vita non possiamo non scegliere, onde quelle posizioni svaniscono. Infatti, uno può dire di non conoscere il vero, o di non sapere qual è il bene e qual è il male, ma poi, scegliendo, pone il valore e il disvalore, e almeno implicitamente valuta una realtà come da preferire rispetto ad altre, le sue scelte manifestano chiaramente che quella realtà è per lui un bene, o addirittura il bene supremo"[331]. In questo senso, abbiamo cercato di dimostrare che le filosofie cristologiche di questi pensatori hanno plasmato e sono penetrate, coscientemente o incoscientemente, nelle idee inerenti le scelte etiche private sul bene e parimenti su un'etica e su una relativa legislazione pubblica contro la vita umana, che si è formalizzata in questi anni nel mondo occidentale.

Come abbiamo rilevato, nella *visione kantiana*, si produce una lacerazione incolmabile nell'uomo tra la sua ragione e il suo credere nel

[330] U. Galeazzi, *Disorientamento morale: il rimedio etico,* in *Il Timone* 81 (2009), p. 30.
[331] *Ivi*, p.31.

Dio trinitario, tra la natura dell'uomo e la rivelazione di Dio in Cristo. Si instaura quindi l'impossibilità di vivere storicamente i valori della fede cristiana, di tradurli nelle scelte concrete dell'esistenza, nel senso che questi valori non possono indirizzarmi e trovare accoglienza nel mio discernimento bioetico in quanto "dalla dottrina della Trinità, presa alla lettera, non è assolutamente possibile trarre nulla per la pratica, anche se si credesse di comprenderla, tanto meno poi se ci si accorgesse che essa supera ogni nostro concetto" [332].

La concezione di origine *hegeliana*, che solo con la ragione conosco Dio, non con la fede, si ripercuote come modalità, come criterio ermeneutico anche nelle scelte bioetiche. In questa forma di lettura culturale in cui la fede viene annullata dalla ragione, le questioni bioetiche vengono colte solo in riferimento alla ragione assoluta, senza alcun legame con la verità oggettiva sulla vita umana. Ciò vuol dire che solo con una ragione autonoma perché assoluta da qualsivoglia criterio di verità oggettiva si determina l'autorità sociale circa il senso della vita umana. Questa autorità data da una ragione autonoma viene ad essere costituita dal libero consenso sociale sul tema della vita umana. In ciò consiste, su questo è fondato il principio di beneficenza sociale circa la vita umana cioè sul dato positivo della maggioranza. Ma questo è anche il principio di beneficenza democratica. In questo senso l'ideologia relativista della società laicista si rivela come presenza pervasiva nelle società democratiche perché "la cultura più idonea allo sviluppo della democrazia è il relativismo speculativo e morale : «La causa della democrazia risulta disperata se si parte dall'idea che sia possibile la conoscenza della verità assoluta, la comprensione dei valori assoluti [...] il relativismo è quella concezione del mondo che l'idea democratica

[332] I. Kant, *Il conflitto delle facoltà,* A. Poggi (a cura di), Ed. Magistero, Genova 1953, p.47.

suppone. La democrazia stima allo stesso modo[...] ogni credo politico, ogni volontà politica.»[333]. Non è la quantità della maggioranza, il consenso sociale democratico che determina la verità oggettiva sulla vita umana ma l'amore per la vita, qualsiasi tipo di vita, in qualsiasi momento del suo sviluppo umano[334].

Qui si opera però nell'ambito di una sana laicità perché appunto basata su una sana ragione[335], non più ammalata dalla sua volontà di dominio sulla realtà della vita umana.

Per l'ateismo di stampo *nietzschiano*, l'uomo è chiamato ad essere creatore di valori a prescindere da un riferimento normativo esterno a lui. In bioetica l'uomo si ritroverà da solo in questa solitudine creativa e così potrà veramente operare in senso bioetico. Sarà il creatore dei riferimenti assiologici bioetici nella massima ricerca espressiva della sua libertà e della sua volontà di dominio sulla natura e sulla vita. In tale libertà bioetica l'uomo cercherà il bene di sé, cercherà la cosiddetta 'qualità della vita', la verità della *sua 'qualità della vita'*, non tanto la verità oggettiva, l'amore per la verità oggettiva di qualsiasi vita umana. Cercherà la perfezione della vita, il figlio perfetto, che sarà eliminato se non corrisponde ai suoi criteri di perfezione (principio eugenetico).

Educare ad una cultura della vita significa allora smascherare le radici dell'attuale relativismo occidentale come radici atee; è su tale presa di coscienza culturale che si possono poi rinvenire i presupposti filosofico-

[333] H. Kelsen, *I fondamenti della democrazia,* Il Mulino, Bologna 1966, pp.107; 109, in V. Possenti, *La paura della verità nelle democrazie e nei totalitarismi,* in *Per la Filosofia* 1(1984), p.27.

[334] "La scienza ci ha ormai fatto conoscere questa realtà meravigliosa. Fin dai primi giorni il bimbo nel seno della madre contiene in sé, per una legge affascinante della natura, tutti gli elementi che costituiscono l'uomo futuro: dall'altezza, al colore dei capelli, degli occhi, al temperamento, a ogni altra sua futura caratteristica. La sua vicenda umana è già cominciata e non si interromperà fino alla morte. Questa è la grande realtà di cui tutti dobbiamo prendere coscienza". C. Lubich, *Chi ama non uccide,* in *Nuova Umanità* 16/17 (1981) p.14.

[335] Una sana laicità si basa su una sana ragione in cui "l'amore e la ragione coincidono in quanto veri e propri pilastri fondamentali del reale: la ragione vera è l'amore e l'amore è la vera ragione, nella loro unità essi sono il vero fondamento e lo scopo di tutto il reale".J. Ratzinger, V*erità del cristianesimo?,* in *Nuova Umanità* 128 (2000) 2, p. 202.

culturali per l'amore della vita umana, per qualsiasi tipo di vita umana, in qualsiasi momento del suo sviluppo umano secondo il principio di responsabilità in cui "l'essere, la vita è un valore in sé che va affermato e voluto contro il nulla"[336]. La filosofia interpellata dalla bioetica viene chiamata perciò a fondare la verità antropologica a livello ontologico in quanto l'uomo "deve accordare la propria volontà all'autoaffermazione dell'essere, pronunciando il suo sì alla vita"[337]. Ora, possiamo dire che c'è un legame vitale e profondo tra queste forme di ateismo implicito e la bioetica presente nella nostra società. Esse possono essere considerate come le radici di un grande albero, che possiamo chiamare della 'bioetica relativista-atea' ovvero dell''etsi Deus non daretur' in quanto "dobbiamo vivere nel mondo *etsi Deus non daretur*. Dio stesso ci costringe a questo riconoscimento. La conquista della maggior età ci porta dunque al vero riconoscimento della nostra situazione. Dio ci fa sapere che dobbiamo vivere come uomini che se la cavano senza di Lui [...] si è visto che tutto funziona anche senza "Dio", e non meno bene di prima"[338]. Dinanzi a questa interpretazione della vita dell'uomo in cui si tratta di vivere come se Dio non esistesse, perché non proporre all'uomo contemporaneo in alternativa invece, *l'idea di vivere la vita, le scelte sulla vita umana nella prospettiva dell'esistenza di Dio, cioè nel senso del darsi dell'esistenza di Dio, come 'veluti si Deus daretur'*?[339] Se Dio

[336] G. Sansonetti, *Etica e vita in Hans Jonas,* in Aa.Vv., *Domande di etica*, p.192.
[337] F. Turoldo, *Bioetica e reciprocità*, p.186.
[338] D. Bonhoeffer, *Resistenza e resa. Lettere e scritti dal carcere*, Edizioni Paoline, Cinisello Balsamo, 1989[3], p. 265 e p. 398.
[339] "Non si può dimostrare cos'è il bene, come non si può dimostrare cos'è l'essere: lo si sa prima ancora di formulare la parola, prima ancora di parlare fra di noi, percepiamo cos'è il bene, cos'è l'essere, percepiamo che è meglio essere buoni che cattivi, che è meglio essere sinceri che bugiardi, che è meglio conoscere che ignorare. Per questo, essere, bene, verità, anche nella creaturalità delle cose si manifestano come proprietà, come aspetti dell'unica realtà che percepisco, che, essendo relazionata a Dio stesso creatore dell'essere, verità, bontà, Dio stesso possessore di quello che mi dà, anche se nell'affermare in Dio questi concetti della creatura dovrò immediatamente negare il modo di essere così come lo percepisco io, senza poter dire di più". P. Foresi, *E' possibile conoscere l'esistenza di Dio? E' possibile una metafisica?,* in *Nuova Umanità* 169 (2007) 1, pp.15-16.

esiste e se si è incarnato in Gesù Cristo significa che Cristo è il rivelatore della verità dell'essere di Dio come amore, nel senso che la verità sull'essere di Dio si manifesta come ontologia trinitaria, uni-trinitaria[340] perché ***un mondo senza il Dio di Cristo è un mondo contro Cristo, cioè un mondo contro l'uomo, un mondo contro la vita dell'uomo.*** Allora, nella prospettiva filosofico-cristologica, l'orizzonte di ricerca potrebbe dirigersi verso un approfondimento su di una ontologia trinitaria, quale base di un'antropologia trinitaria[341] e quindi di

---

[340] K. Hemmerle, allievo di Welte, così scrive nel suo libro *Tesi di ontologia trinitaria,* Città Nuova, Roma 1996[2]: "Abbiamo bisogno di un'ontologia [...] l'ontologia, la dottrina dell'ente e dell'essere, oggi decisamente non è più al centro dell'interesse scientifico. L'ontologia può interessare soltanto laddove risulta sensato l'interrogativo: cos'è l'essere, cos'è l'ente di per sé?"(p.25) Ma come dire l'essere? "L'uomo vive la propria vita e comprende il proprio mondo non più a partire da se stesso, ma partire da un Altro che gli si sottrae. L'asse intorno a cui ruota la vita non sono più le problematiche o le capacità umane, bensì la comparsa di questo Altro, la sua irruzione, la sua chiamata, la sua epifania, il suo messaggio, la sua Rivelazione di sè" (p.40)" La religione ha il proprio fondamento esattamente in questo: nell'irruzione del trascendente nell'immanente (ivi)". "Il paradosso della religione, il vivere dell'Altro [...] del Dio che viene e opera in Gesù Cristo [...] Dio, manifestando il proprio Regno [*Herrschaft*], entra nell'orizzonte della storia, e lo fa in un luogo unico, concreto. Non più una serie di epifanie, non più una corona di rivelazioni dell'unico mistero: il mistero del *Deus absconditus* si raccoglie, si concentra in un unico punto della storia. Questa è la rivendicazione [*Anspruch*] di Gesù, questo lo scandalo [*Ärgernis*] del suo messaggio" (p.45). "Il Dio dell'assoluta origine e dell'assoluto futuro [*der Gott der absoluten Herkunft und Zukunft*] irrompe nel *con-noi* e nell'*accanto-a-noi [Mit-uns und Neben-*uns]. In un senso del tutto nuovo, la nostra storia diventa la sua epifania [...] ora è Dio stesso ad essere là dove noi dobbiamo dare la nostra risposta. La sorte di Gesù è la solidarietà di Dio con noi ed è la sua prossimità a noi, proprio nell'ambito della nostra esperienza, proprio nel luogo della nostra impotenza" (p.45-46). Qui, in tale correlazione dell'essere di Dio con l'essere dell'uomo, l'essere di Dio rivelato da Cristo si pone nel processo d'amore trinitario: "«La comunione del Padre e del Figlio nello Spirito Santo e non in un Io assoluto e solitario è l'immagine del Dio della Rivelazione. Il più profondo mistero di Dio è l'unità, unità di donazione reciproca e amore del Padre e Figlio nello Spirito Santo. Se Dio, come amore che si dona, è unità e come unità è amore che si dona, allora sta nella logica di questa unità e di questo amore che il suo disegno sulla creazione, sull'umanità si compia in tutto quanto Gesù ha chiesto al Padre nella preghiera sacerdotale:"...tutti siano una cosa sola"(Gv. 17,21)»" (K. Hemmerle, *Vie per l'unità,* A.Del Zanna-M.L.Riatti (a cura di), Città Nuova, Roma 1985, p. 26). E questa unità riguarda l'essere dell'uomo stesso "in quanto l'uomo non tende solo verso ciò che è lui stesso, ma a ciò che è infinitamente più grande di lui, egli è immagine di Dio che trascende se stesso e si dona a noi con un amore oltre il quale non è possibile pensarne uno più grande. [...] Non può esistere una più alta comunicazione di sé, un diffondersi più totale di quello della vita trinitaria: Dio come Dio comunica in modo così perfetto se stesso, che il Padre si ritrova nel Figlio e Padre e Figlio si ritrovano nello Spirito, in quell'amore divino, uno e indivisibile, che è Dio stesso. Soltanto qui l'uomo ha raggiunto ciò oltre il quale non può essere pensato nulla di più grande; ma lo raggiunge soltanto in quanto questo amore trinitario raggiunge lui, si comunica e si dona a lui" (*Ivi*, p.33). Citazioni in E. Iezzoni, *Ontologia trinitaria: dal mistero della rivelazione una sfida per la filosofia contemporanea,* in *Nuova Umanità* 170 (2007)2, pp.187-224.

[341] "Il mio essere si attua in me proprio nell'andare oltre me. Ne consegue che in me l'atto dell'io è al tempo stesso atto del tu e del noi [*daher ist mein Ich-Akt eben zugleich Du-Akt und Wir-Akt*] [...].Vedere me in te, te in me e vedere tra noi quell'unica viat e quell'unico amore: questo è l'atto del nostro essere [*unser*

un'etica per la *bioetica in senso uni-trinitario*. Il Dio rivelato da Cristo, pertanto, c'entra con le mie scelte bioetiche: il Dio uni-trinitario è riferimento ermeneutico per il mio discernimento bioetico in quanto è la verità sulla vita di Dio e dell'uomo. In cosa consiste, allora, questa verità, donata dal Cristo, sulla vita di Dio e dell'uomo? Consiste nell'*amore per la vita, qualsiasi tipo di vita, in qualsiasi momento del suo sviluppo umano* perché "se Dio è Amore, A*tto d'Amore,* sta a noi *essere l'amore*, cospargendo la nostra vita, quello che siamo, di *atti d'amore*"[342]. Se l'amore è l'essere e la vita di Dio, l'amore è anche l'essere e la vita dell'uomo, dal momento del suo concepimento perché "l'amore di Dio non fa differenza fra il neo-concepito nel grembo di sua madre, e il bambino, o il giovane, o l'uomo maturo o l'anziano. Non fa differenza perché in ognuno di essi vede l'impronta della propria immagine e somiglianza [...]. Questo amore sconfinato e quasi incomprensibile di Dio per l'uomo rivela fino a che punto la persona umana sia degna di essere amata in se stessa, indipendentemente da qualsiasi altra considerazione - intelligenza, bellezza, salute, giovinezza, integrità e così via"[343].

Sewinsakt] nel quale soltanto noi attuiamo la globalità [*Zusammenhang*] della nostra vita e della nostra persona." K. Hemmerle, P*artire dall'unità. La Trinità come stile di vita e di pensiero,* P. Blätter (a cura di), Città Nuova, Roma 1998, p.61."Non dall'io al noi, ma dal noi all'io[...] proprio quando prendiamo realmente sul serio questa vita scopriamo che non è un cammino di distruzione dell'identità [*Selbstzerstörung*] e della rinuncia a sé [*Selbstaufgabe*], ma è il cammino in quella ampiezza e profondità che rendono uno la vita e la persona [*Leben und Person einsmachen*]" (*Ivi*)[...]. La libertà dell'amore [*liebende Freiheit*] che si fa uno con la libertà di amare dell'altro - spiega Klaus Hemmerle - diventa, per così dire, uno spazio vuoto [*ein leerer Raum*], un nulla che contiene [*ein bergendes Nichts*], in cui la libertà del partner può dispiegarsi, donarsi, articolarsi (p.74)[...]. Lo stare di fronte all'altro [*Gegenübersein*] e l'inabitare [*Innesein*] in lui diventano due facce di un'unica realtà in cui spontaneamente anche il partner prende parte alla "mia" parola, cerca e si apre a me, così che io possa dire a lui la mia parola e possa aprirgli il mio essere [*ich mein Wort ihm sagen und mein Sein ihm aufgehen lassen kann*]." (ivi). Citazioni in E. Iezzoni, *Partire dall'unità:l'antropologia trinitaria di Klaus Hemmerle,* in *Nuova Umanità* 120(1998) 6, pp.773-793.

[342] M. Mantovani, *La metafisica dell'amore e la relatività del "non-essere". Spunti di riflessione sul rapporto tra ontologia e teologia,* in *Nuova Umanità* 139 (2002) 1, p. 60.

[343] Benedetto XVI, *Discorso ai partecipanti all'assemblea generale della Pontificia Accademia per la vita e al congresso internazionale "L'embrione umano nella fase del preimpianto"* del 27.2.2006 in www.accademiaperla vita.org

Indice generale

Printed by Books on Demand GmbH, Norderstedt / Germany